人生120年～　やさしさに包まれて　にこにこ　いきいき　私らしく

みんなの
認知症予防ゲーム

―テキスト―

NPO法人 認知症予防ネット 編

中西印刷

はじめに

昭和50（1975）年代に「痴呆」と呼ばれた病気は、平成17（2005）年4月から「認知症」と改称されました。さらに、若年性認知症の存在も知られるようになり、「認知症」は、老人特有のものでもないことが分かってきました。

私は、昭和58（1983）年5月、「老年痴呆」と診断された実母を在宅で見送りました。当時は、認知症に関する知識が皆無だった時代です。実母の想像も出来ない奇行や、娘であることを忘れられた辛い介護の日々。その後、認知症の方の電話見舞い係として10年程ボランティア活動をしました。今のような認知症電話相談窓口などというものはありませんでした。「寝たきりの姑の首に手をかけそうだ、どうしたらいいですか。」という切羽詰った深夜の電話に「ともかく顔を見ないように、敷居一本でもいいから離れて待っていてください。」と大急ぎでパジャマを着替え、タクシーを走らせたこともありました。今でも忘れることのできない出来事です。認知症の家族のつらさや大変さは、今も変わっていないと言えるでしょう。

何とか認知症というものから引き戻すことは出来ないものかと、思い巡らせていたところ、増田末知子氏の「高齢者リフレッシュセンタースリーA」におけるめざましい改善報告を目にしました。これだと渇仰（かつごう）をおぼえ、以来、認知症の予防・改善を目指す活動を手がけるようになりました。

市民の活動として、自由に参加出来るように門戸を広げた認知症予防教室では、健常者に混じって認知症を発症している方や、認知機能が低下している方が参加されるようになりました。高齢化率が28.4％という超高齢社会においては、認知機能レベルが混在していても楽しさを体感でき、効果をあげることが必要で、認知症の方と共に歩んでいくことが期待されていると実感するようになってきました。リズムに乗るのが難しい方も、理解がなかなか出来ない方も、みんなが一緒に楽しめて効果が上がるようにするにはどうしたらいいか、模索を重ねてきました。

また、このゲームによって何を目指すのかという理念を明確にすることの必要性を痛感するようになりました。そこで、NPO 法人として何を目指すのかを定め、どのような方にも効果があがるように、ゲームの進め方に工夫を凝らしてきました。こうして進化させたゲームを、新たに「みんなの認知症予防ゲーム」と名付け、普及活動に励むことにしました。

私は、教室に参加された方が、笑顔や他人との接触交流・会話が増え、血色がよくなり、その場にふさわしい行動が出来るようになり、約束なども記憶でき、簡易テストで満点をとられるようになるなどの変化に接し、このゲームの手ごたえを感じています。

「みんなの認知症予防ゲーム」は、認知レベルが混在している現実社会の中で、認知症の予防と啓発活動を同時に行えるゲームだと自負しています。

平成 8（1996）年に初版を刊行した「認知症予防ゲーム　―テキスト―」は、この度、NPO 法人認知症予防ネットのテキスト編纂委員の手によって「みんなの認知症予防ゲーム」と名を改め、ようやく新刊のテキストとして完成しました。多くの方の目に触れ、誰にも、広く役立ちますことを衷心(ちゅうしん)より願っています。

2020 年 7 月吉日

NPO 法人 認知症予防ネット

名誉理事長　高林實結樹

もくじ

Ⅰ　防ごう悲劇「みんなの認知症予防ゲーム」で
～共生社会へ向けて～

1. 認知症を予防し共に歩むために

NPO 法人認知症予防ネットは、認知症の予防活動を行っている団体です。活動の中心にあるのは、「みんなの認知症予防ゲーム」と名付けたゲーム。このゲームを使って、認知症になるのを予防する一次予防、認知症の早期発見・早期治療・早期対応を目指す二次予防、そして認知症の進行・悪化を予防する三次予防、この三つの予防を目指して活動しています。

「みんなの認知症予防ゲーム」を活用した地域の教室などでは、やさしさのシャワーという言葉に集約される、人と人との関わりのあり方を大切にしています。認知症のある方もない方も、障がいのある方もない方も、老いも若きも、お互いを理解し、共に暮らし続けられる偏見のない社会を実現するために、必要なことだと考えているからです。

予防教室やサロンでは、認知症を発症していない方も脳機能が低下している方もおられます。参加された方々は、リーダーやスタッフの相手を尊重した、やさしさに満ちた温かい関わり方に接しているうちに、全員が自然に、気遣いや心配りが出来るようになられます。

予防教室などで、やさしさの神髄に触れた方々が、家庭に帰って、介護の必要な家族との関わりに活用されたなら、介護の日々の中に心身の安らぎや余裕を感じていただけ、大きな悲劇に至らないかもしれません。

更に、教室や家庭の中だけにとどまらず、職場や地域でも、偏見のない爽やかで気持ちの良い関係づくりが出来るようになるならば、それこそが「共生社会」への第一歩になるのではないでしょうか。

2. 大切なものは何か

人と人との基本的な関わりの中に『やさしさ』があります。やさしさ＝笑顔だけでなく、例えば「やさしい声掛け」「やさしいタッチ」「やさしい目線」など、円滑なコミュニケーションのために、誰にでも必要なものです。

みんなの認知症予防ゲームを行う教室で、リーダーや他のスタッフが、この「やさしさ」をシャワーのように絶え間なく、静かに温かく降りそそぐと、不思議なことにその教室は、魔法がかかったように和やかで楽しい居場所に変わるのです。

具体的には、いつも笑顔で、相手を丸ごと受け止める、相手の目線で目を見て話す、よく褒める、話を遮(さえぎ)らない、スポットライトを当てる、などです。リーダーやスタッフがいつもこのように接していると、参加されている方々は、一人の「人」として認められたことを覚知され、表情や行動が生き生きして来られます。

やさしさのシャワーは、教室の初めから終わりまで、もちろんゲーム中でも絶え間なく分け隔てなく降りそそぎます。不安そうなお顔の方や遅れがちな方がおられたら、それと気付かれないようなゲームの技法で、参加者さん全員が楽しめるやり方にサッと替えていくのも目に見えないやさしさと言えます。

参加者さんの変容につながるこうした対応は、習って出来るとか覚えて出来るものではありません。リーダーやスタッフは、とっさの時でも自然に出来るように、心と体が一体になって行えるように、常に参加者さんの立場で考え、行動しようと心に留めておくと良いでしょう。

予防教室で、褒められたり、肯定されたり、認められたりすることは、「最近、もの忘ればかりするから落ち込んでいたけれど、まだまだ私も捨てたもんじゃない。他の人も同じようなことがあるんだ。よっし、頑張ってみよう！」という自信の回復に繋がります。

そして、自信の回復が『自立』へと踏み出す原動力になるのです。自信の回復から『自立』への誘導、これがゲームの大切なポイントと言えるでしょう。

自立した生活の維持、元の暮らしへの引き戻しを可能にしてくれる「みんなの認知症予防ゲーム」の大きな柱が、やさしさのシャワーです。

地域の教室やサロン、認知症カフェ、或いは介護施設で、リーダー、スタッフ、職員さんと一緒に、「みんなの認知症予防ゲーム」でやさしさに溢れた居場所を創っていきましょう。

Ⅱ　予防教室の流れ

「みんなの認知症予防ゲーム」は、どなたでも楽しく取り組んで、脳を活性化させるように工夫したゲームです。

地域では、定期的に開かれるサロンや認知症カフェ、またはイベント形式の集まりなど、様々な認知症の予防教室が開かれています。私たちは、こうした予防教室で「みんなの認知症予防ゲーム」を取り入れていただき、ゲームが広く普及されることを願っています。それによって、認知症になっていても、発症していなくても、どのような方々も、皆が安心して暮らせる「共生社会」の実現に近づけるものと考えています。

自立した生活、元の暮らしへの引き戻し、さらに「共生社会」をも視野に入れた「みんなの認知症予防ゲーム」を使った認知症予防教室で、ゲームの前後に行うことを次に説明します。

1. ゲームの前に

1）お迎え

教室の始まりは「お迎え」からです。リーダーをはじめスタッフは少し早めに集合し、季節に合わせて空調や採光にも気を配り、居心地よく室内を整えます。高齢になると光をまぶしく感じる方もおられますので、参加の皆様にお尋ねしながらブラインドやカーテンなどで調整しましょう。施設へ訪問してゲームを行う時は、会場の下見をし、事前に職員さんと設営やプログラムなどを打ち合わせておきます

フローリングに椅子席でも畳に座布団の部屋でも、全員の顔が見えるよう、円形（輪）の席を準備しておきます。

会場が大きな建物の中にある場合は、建物の外や会場の出入り口で、スタッフが手分けをして迎えます。段差のあるところでは、特に事故になら

ないように気を配りましょう。

スタッフが「よく来てくださいましたね。お待ちしていましたよ。」「あら、今日は素敵なお洋服ですね。良くお似合いです。」などと、笑顔で言葉を掛けながら、整えられた髪形や身だしなみを褒めます。褒められて誰も悪い気はしません。そこから笑顔での応対が始まります。この時、リーダーやスタッフが「私もその色が好きです。」などと主観を入れないようにしましょう。主役はあくまでも参加者さんです。

リーダーやスタッフは参加者さんの全てを受容し、参加者さんは教室の在りようを受け入れ、双方の気持ちが開かれ、繋がっていきます。お互い、今ここで出会えたことを心から歓び合いましょう。

室内に入られたら、まずはお茶で喉をうるおしていただき、三々五々集まって来られた皆様は、しばしの談笑タイムとなります。

開始時刻になるとリーダーが開始の挨拶をして、自己紹介、日付の確認から始めていきます。

定刻になっても予定の参加者さんがまだ来られていない時は、会場の扉は開けておくか、スタッフが外で待つようにします。少し遅れて到着された参加者さんは、中で楽しそうな声が聞こえていると、扉を開けては入りづらいものです。来られたら、スタッフは一緒に席へご案内しながら輪の中に加わっていただきましょう。

2)「自己紹介」から始める

最初にリーダーが「自己紹介をしましょう。」と呼びかけます。ここでの進め方は、自分の左隣の人、次に右隣の人の名前を声に出して紹介してから、自分の名前を言う特殊な自己紹介の仕方です。

自己紹介がスムーズにいくように、名札を用意しておきます。名札を作る時はフルネームで書きます。姓だけでなく名も書き、またそれを読み上げることで自己認識がより明瞭になります。

本来は、隣人の名前を覚えて言うという、記憶を促す目的もあるのですが、初めて会った人の名前はなかなか覚えることが出来ません。左右の人の名札を見て読み方を確認しながら、ゆっくり丁寧に紹介します。この時、隣の人が見えやすいように、名札を自分の方へ向けて近づけてくださると「あら、嬉しい！」。これが、最初の「やさしさのシャワー」ですね。

初めにリーダーがやってみます。「左川○○さんと右山○○さんの間にいる△△○○です。よろしくお願いしま～す。」という具合。明瞭な声で、姓・名を名乗ります。リーダーの次は右隣の人へと進んでいきます。隣の人の名前を間違えずに紹介することの緊張感と、自分の名前までスムーズに言えた時の安堵感と晴れがましさ、この非日常的な刺激が脳を活性化していくのではないでしょうか。

時折、高齢の方が緊張感からとっさに自分の名前を間違ったり、女性の方が名札とは違う旧姓で自己紹介したりする場面が見受けられます。そのような時は、訂正や言い直しを促すのではなく、笑顔で頷いて見守りましょう。和やかな空気に包まれます。間違っても咎められない、訂正されない、中傷されないことを、まずこの最初の自己紹介のところで感じていただきます。受け入れられている嬉しさや安心感が、自信の回復へと繋がるようになります。

3）日付（年月日・曜日）の確認

年月日の確認も毎回行います。認知機能が衰えてくると、日付や曜日があやふやになって来る場合があります。今日は何月何日か、季節はいつなのかといったことや、今居る場所の確認は、見当識障害を緩和するための助けになります。

今日の年月日を、参加者全員がリーダーのリードに合わせ、唱和します。西暦ではなく年号で言いましょう。「今日は、何年何月何日、何曜日でしょう。一緒に言ってみましょう。」と切り出し、「きょうは」と大きな声でリードします。続けて更に大きく明瞭に「れ・い・わ」と言うと、皆が一斉に「○年○月○日、○曜日！」と唱和します。

たまに、曜日を間違って言う人があっても、リーダーやスタッフはニコニコと受け流します。大きな声を出して皆で一斉に言うと、晴れ晴れとした気持ちになります。

4）夢の旅行

次に「夢の旅行」です。実際に行く旅行ではなく、夢で行く旅行だということを確実に伝えるようにします。

「ここにご参加の皆様全員で夢の旅行に行きましょう。」「夢で行くのだから、どこでもいいですよ～。」「行きたい所へ行きましょう。」「行けない所はありませ～ん。」などと言って、旅行へのイメージを膨らませていただきます。

個人を指名して行き先を言ってもらうのではなく、皆で行く旅行という事を繰り返し伝え、自由に行き先の候補地を出してもらいます。

「ハイ！　ハワイに行って泳ぎたい！」

候補地が出たところで、次に交通手段（乗り物）を尋ねます。「ハワイ、いいですね。乗り物は何で行きましょう？」「飛行機で行きま～す！」

行く方法が決まったら、次にお土産を考えてもらいましょう。「楽しみですね。さぁ旅行へ行くと楽しみな物がありますね。そうです。お土産ですね。お土産は何がいいでしょうか？」「ハイ、チョコレートと綺麗な花のレイを買って帰りたいです。」「楽しい旅行になりそうですね。」

旅行の行き先としたいこと、乗り物とお土産などが決まったら、リーダーは、今回の夢の旅行を簡潔に整理して伝えます。全員に向かって、皆で行く旅行を強調します。皆で考えて企画した旅行ということを共有してこそ、全員でまとまる空気作りになります。

「今回、ここの皆様全員で一緒に行く夢の旅行。行先はハワイです。ハワイに行って皆で泳ぎましょう。乗り物は飛行機。お土産はチョコレートと綺麗な花のレイですよ。これを今日のゲームの最後にお尋ね致しますから、皆さん、よく覚えておいてくださいね～。」

意外な展開に、「エェー！！？」というリアクションが大きければ、皆様の頭の中に「もう始まっているんだ。」という驚きと関心が芽生えています。

行き先が数カ所になったり、お土産の数が多すぎたりすると、認知機能低下の方には覚えにくくなるかもしれません。リーダーはそのあたりを判断して、旅行の話題が広がりすぎないように配慮しましょう。

2. ゲームの終了とその後

1）ゲーム終了の時

ゲームがどんなに盛り上がっていても、予定の時刻には終わるようにします。帰りの乗り物の時間や次の予定がある場合もあります。開始、終了の時間厳守は、信頼関係の第一歩です。

ゲームが終了したら、輪の席から机や座卓などに移動し、茶話会の時間をもちます。

お手拭きティッシュなどをお配りした後、お菓子は銘々皿に、お茶は茶托を使用し、お客様をもてなす礼儀をもって茶話会を始めます。

例えば和菓子の場合は、数人ずつのお盆に盛ったお菓子ではなく、黒文字も添えるなど、個別に丁寧にお出ししましょう。毎回、大切なお客様としての礼儀で接します。年長者として格上のおもてなしです。回を重ねて親しい間柄になっても、この礼儀は崩しません。参加者は、こうした接し方や軽い敬語で話されることで、「自分もまだ尊敬されている社会人なのだ。」という自覚になり、気持ちも華やいで来られます。

お茶やお菓子で和やかな時間が少し経過したところで、リーダーが今回の夢の旅行の話を切り出します。

「夢の旅行はどこに行くのでしたかね～。」「ハイ、ハワイに泳ぎに行くのでした～。」「そうそう、みんなでハワイに泳ぎに行くのでしたね。」「乗り物は？」「お土産は？」という具合です。個人を指名して答えていただくのではなく、誰でもが答えやすいように、リーダーは全員の理解のもと、ゆっくりと確認していきましょう。

リーダーは、ゲーム全般、お迎えからお見送りまでを通して、たとえゲームをリードする立場であっても、指導的な言動は慎みます。年長者に対する礼節をわきまえることが大切です。形式だけを整えるのではなく、心を形に表す、その違いが結果に繋がります。

2）解散とお見送り

和やかな茶話会は、いつまでも続けていたい気分ですが、終了時刻になったら、リーダーは参加者さんに解散の挨拶をします。他のスタッフもお迎え時と同様、会場の外まで出て「又お会いしましょう。」「次回も楽しみにお待ちしています。」と、お一人おひとりに心を込めて挨拶し、お見送りをします。

「心を込めて」とは、隣の人と片付けの段取りを小声で話しながら見送ったり、机や椅子を運びながら手を振ったりするのではなく、相手を見て、ひたすら一心に手を振り、お見送りをすることをいいます。

「今日も楽しく、無事に終わって良かった。」「次回もお元気で会えますように。」という思いが心にあると、やさしい笑顔でお見送りが出来ます。次の出会いに繋がる大事なセレモニーです。お迎えの時以上に、お見送り・解散の時の気持ちを大切にしましょう。

3）教室の最後に　～お見送りを終えて～

無事に参加の皆様が帰られた後は、リーダーとスタッフ全員でのミーティングになります。その日の教室全体の振り返りをします。毎回、ミーティングを重ねることで、リーダーや他のスタッフが成長する機会になると共に、参加者さんの変化も分かってきます。

ミーティングでは、スタッフがまずリーダーをねぎらいます。そのあとで、リーダーは今日のゲームの振り返りを伝え、他のスタッフも自身の参加者さんへの対応を発表していきます。ゲームのやり方や進行のミスをあげつらうのではなく、どうすればゲームの効果をより高めることが出来るのかを皆で話し合います。スタッフ同士で褒めることは次への意欲になります。ミーティングの中でもやさしさのシャワーは必要ですね。また、振り返りシートのような記録用紙も作成し、残していくと次回への参考になります。

以上、述べてきたことは、標準的な教室（サロン・カフェ）のやり方です。地域性や教室運営の仕方の違い、介護施設で行う時など、様々な場合がありますから、認知症予防の意図を考慮しながら臨機応変に活用してください。

Ⅲ　ゲームのすすめ方

1. ゲームでの関わり方

ゲームを行う時は、記憶力・理解力・判断力が低下している方も参加されていることを念頭に置き、参加者さんにやさしく、穏やかに接し、褒めるのが原則です。特に、プライドを傷つける言動は厳に慎みましょう。

そして皆が同じ目線で楽しむことです。リーダー・スタッフも共に楽しめるゲームでなければいけないのですが、『楽しむ』意味をはき違えて遊んでしまってはいけません。リーダー・スタッフは一緒に楽しみながらも、不安を感じている参加者さんはおられないか、不安な表情をされていないかなど、目配り・心配りを欠かしません。関わる側の立場・役割を認識し、参加者さん全員が楽しめるように気を配りましょう。

ゲーム種目によっては、スタッフも参加し共感を育んでいきます。そのような時、参加者さんに遠慮しすぎたり、わざと負けたりすることはかえって失礼になりますし、度が過ぎた気遣いは、自主性を損ないます。

また、お迎えからお見送りまで、事故など起こらないよう安全面にも細心の注意を払いましょう。

2. 具体的には

1）やさしく接します

褒めましょう。常に明るく笑顔で対応しましょう。年長者に対する言葉使いをしましょう。

2）プライドを大切にします

　間違いを指摘しません。ゲーム中に参加者さんの手を取ってやり方を訂正しないように。プライドを傷つけるような言葉や態度は慎みましょう。否定せずに受容しましょう。

3）いつも一緒です

　常に気に掛け、声も掛けましょう。必要に応じてやさしく肩や膝を軽くタッチします。安心していただける言葉掛けを。

4）出番を作ります

　数を数えたり、道具を配ったりの役をお願いしましょう。手伝っていただける機会をつくりましょう。お手伝いの申し出は快く受け、謝辞を述べましょう。

5）ルールは的確に伝えます

　分かりやすい言葉で、声のトーンにも配慮し、身振りを交えたりボードに書いたりして、理解しやすいようにルールを説明しましょう。ルールの言い直しは避けましょう。

6）嬉しいスポットライトが当たる場面を作ります

　誰でもスターになれるチャンスをつくりましょう。昔の懐かしい言葉を思い出された時（言葉あそび・手作りビンゴ）、高得点が出た時（追っかけ将棋）などの場面で。

　広告パズル完成後の広告主の役をお願いします。

7）危険がないように気を配ります

　ゲーム中や移動時には、転倒などの事故に結びつかないように目配り・気配りをします。椅子の形状にも注意を払いましょう。

以上のような関わり方に加え、参加者さんの自信の回復につながるような言葉掛けはどのような場面でも常に必要です。これはゲームの効果を期待する観点からもとても重要なことです。

ゲーム中に嬉しいスポットが当たったり、服装を褒められたり、手伝ったことへの感謝の言葉を掛けられたりすることで「まだまだ大丈夫。」「人様のお役に立つことが出来る。」と思う自らの気づきから、自信を取り戻していかれます。

「メモを書き残して、留守中の報告をするようになった。」「バスと電車を乗り継いで、一人で通院出来るようになった。」「料理の味加減が戻った。」「セーターを編み上げた。」「免疫力が改善してリウマチ併発患者の投薬量が減量された。」「スーパーに一人で出かけて、食材の買い物が出来るようになった。」「言葉が明瞭になり、意思表示がはっきりと出来るようになった。」等々、実際に体験された家族の方たちからの声が寄せられています。予防教室にお誘いし、参加していただくことがいかに重要かということが分かります。進行してしまっても、その方にふさわしい関わり・ケアがあれば症状はかなり改善するものです。

ゲーム中に自然に沸き起こる笑いは、その居場所が、安心出来て安全な場所であるということの表れです。こうした自然な笑いこそ、戸惑いや寂しさを癒すゲームの効果と言えるでしょう。

みんなの認知症予防ゲームの両輪は、20種目の楽しいゲームと、関わる周囲の人たちのやさしい気配りです。温かく細やかな関わりを、繰り返し繰り返し示していくことが大切です。

認知症を発症した方と、認知機能が衰えていない方が、一緒にゲームを行う「共生社会の縮図のような教室」では、リーダーやスタッフの関わり方に、より実践力が求められ、その真価が問われるのです。

3. ゲームリーダーの役割

「みんなの認知症予防ゲーム」をリードしていくのがリーダーです。グループで一緒に活動している場合、グループの中からその日のリーダー役を決め、ほかの人はスタッフとして支えます。

教室やサロンでは、参加者さんもゲームに関わる人達も対等意識を持った同列の関係ということが基本です。リーダーやスタッフが、参加者さんに「教えてあげる」という態度は慎みます。また、参加者さんにも「お世話になる、教えてもらう」といった気持ちを抱かせないよう、言動に注意を払いましょう。

リーダーとしてゲームをリード・進行していく人は、特に重要な役目を担います。同列とはいえリーダーだけは、少々別格だからです。

参加者さん全員の様子を見ながら楽しくゲームを進めていくことは第一ですが、他のスタッフとも阿吽（あうん）の呼吸で共に支え合えるようにする必要があります。このように呼吸の合った教室やサロンは、皆が一層楽しく、のびのびとした雰囲気が醸（かも）し出されてきます。

リーダーは「やさしく接する」という意味を勘違いして、特定の参加者さんにだけ濃厚なスキンシップや言葉掛けをしないように気を付けなければなりません。一人だけに目を向けてゲームをするのではなく、参加者さん・スタッフ全員に、等しく気を配ります。

また、時間配分や終了時刻の厳守もリーダーの大事な役目です。教室終了後、次の約束がある参加者さんもおられるかもしれません。決められた時刻には終わりましょう。

予定されていたゲーム種目をとっさの判断で変更したり、或いは切り上げるなど、その場に合った対応もリーダーには求められます。

終始笑顔で、明るい気持ちでのゲームを心掛けていれば、歌い出しの歌詞を忘れたり、右と左を言い間違えたりしたときでも、めげずに「間違えました〜。やり直しま〜す。」と自然に言えるリーダーになれます。参加者さんの爆笑と声援にも後押しされ、また気持ちよく再開出来ること間違いなしです。完璧なゲームを求めず、まずは安心して最後まで楽しんでいただける場を作りましょう。

一つひとつのゲームの効果が出てくることを信じ、認知症予防へ繋がるゲームの手順を理解して進めていきます。また、童謡・唱歌を使うゲームに眉をひそめる人には、「全国どこでも、方言もなく歌える歌、歌い出しを聞いただけで皆が揃って歌える歌、だからこそ童謡・唱歌を使用しているのですよ。」と説明出来るようになりましょう。

4. ゲームスタッフの役割

グループの中でリーダー以外のスタッフは、リーダーの補佐的立場でリーダーを支援します。

リーダーは、スタッフを参加者さんと同列の扱いにしてゲームを進行していきますが、スタッフは同列だからといって参加者さんと一緒になって、ただ楽しめば良いわけではありません。楽しみながら、参加者さんの表情や様子をさりげなく見ていなければなりません。同時にリーダーがゲームをうまく運べるように、それと分からないように補佐するのです。スタッフのすることは多いですね。

リーダーを含めたスタッフ全員で、ゲーム種目や休憩のとり方などを打ち合わせし、ゲーム道具も参加者さんやスタッフの人数分を揃えるところから関わります。打ち合わせ後、椅子や机、ゲーム道具を配置し、会場を心地よく整えます。その後、全員で参加者さんを出迎えます。お迎えが始まると、スタッフ同士の私語は慎み、気持ちの全てを参加者さんに向けましょう。

スタッフには、リーダーを立てながら補佐する一方で、参加者さんの自信の回復を促すという大事な役割があります。例えば、「グー･チョキ･パー」のゲームで、リーダーが「グ・チョキ・パ、パ・チョキ・グ」と言いながら動作も速めていって、皆がその動きに付いていけず総崩れになったときに、隣の参加者さんに「速いですね〜。私も付いて行けませんでした〜。」と、共感を伝える言葉掛けをします。参加者さんもスタッフのその言葉で「良かった。私だけが出来なかったのじゃなくて。」「皆も同じなんだ。」と安心感と共感が生じます。そんな一言で気持ちを切り替え、次のゲームへの意欲を持っていただきましょう。

リーダーが歌い出しの歌詞を思い出せず、なかなか歌に入れないとき、リーダーを助けるつもりで歌い出してはいけません。リーダーのお株を奪わず、温かい目でリーダーを見守ります。

5. 様々な場所で

地域の公民館などで

地域での連続教室の場合、出来るだけその地域の方々が通い慣れた公民館などで開催します。馴染みの場所は、毎回緊張感無く訪れることが出来ますし、場所も近く、参加しやすくなります。

机や椅子だけでなく、ゲーム終了後の茶話会で使用する湯茶道具なども貸していただけるかもしれません。使用規約を守り、丁重に使わせていただきましょう。

その地域の人たちをよく知っている地域在住の人がリーダーをする場合もありますし、地域在住ではない人がリーダーになることもあります。地域在住のリーダーは、顔見知りなので照れもあって、やりにくい面もありますが、地域の人の様子が良く分かっているので、ゲーム進行に反映できるという利点があります。地域在住ではないリーダーは、打ち合わせの時に、参加者さんの様子をプライバシーに配慮しながら分かる範囲で収集しておくと良いでしょう。

誰でも参加できる地域の予防教室を地道に継続していってこそ、認知症の予防、共生社会の実現を目指せるのです。

介護施設などで

最近は、「みんなの認知症予防ゲーム」が、介護施設などでレクリエーションとして取り組まれることも多くなってきました。認知機能低下の先送りや改善などを目的として、施設の職員さんがリーダー養成講座に参加し、ゲームやゲームの期待効果を学ばれ、意欲的に取り組まれている施設もあります。

施設の職員さんが直接、ゲームのリーダーやスタッフとして進められる場合は、参加者さんの様子をよくご存じなので、例えば片手が不自由な方の側に職員さんが座り、自尊心を損なわずにやる気を引き出せる言葉かけなども容易です。

外部から訪問ボランティアの形で関わる場合は、事故防止も含め、職員さんとの事前の打ち合わせが大切です。参加者さんの身体状況や時間配分などに加え、ゲームをしている間の職員さんの関わり方も重要な打ち合わせ事項です。ゲームの期待効果をよりアップするためには、職員さんの協力が必須だという事を伝えましょう。

また、20 種目ゲームのルールに沿って楽しんでいただくことが困難な利用者さんがいらっしゃるかもしれません。そのような場合は認知症予防の観点でゲームの工夫をして楽しんでいただきましょう。

⌂ 講演会などで

「認知症予防の話と併せてゲームをお願いします。」との講演依頼の場合でも、「みんなの認知症予防ゲーム」は、ご参加の皆様の心を和ませ、楽しい時間を共有することが出来ます。

会議場のような大きな会場でも、10 人くらいの小さな集まりの場でも、時間の長短に関係なく、20 種目のゲームの中から幾種類かを選んで楽しんでいただけます。主催者の方との打ち合わせは必要ですが、当日、参加された方々の様子から即座に判断して、ゲーム変更なども臆せず試みてください。行うゲームのポイントを少しでも伝えることが予防ゲームの普及啓発に繋がります。

Ⅳ　20 種類のゲーム

ゲームは「その1」から「その4」まであり、全部で20種類のゲームがあります。動作の上では、指・手・腕・上半身・全身へと展開していきます。コミュニケーションでは、最初は自分だけ、次に両隣の人と、その次は皆と一緒にする、いろんな人とふれあう、言葉を交わす、共通の話題で話すという展開です。

「みんなの認知症予防ゲーム」は、一つひとつの効果を考えながら、ゲームを行う順序やゲームの進め方を組み立てています。他のゲームを取り入れると、組み立てられた流れが変わってくるので注意が必要です。

教室やサロンで行う場合、20種類のゲームを一度に全てしなければならないというものではありません。対象者やそのときの様子、与えられた時間に合わせて「その1」「その2」「その3」「その4」の中から、なるべく偏らないように２つ～３つのゲームを選択して行いましょう。

1. ゲーム　その1
輪になって　ウォーミングアップ（指から腕の運動）

ゲーム「その1」には、1）から6）までのゲームが属します。輪になって皆と一緒に行いますが、他人に触れるゲームではありません。それぞれが一人で行います。多少、輪の形が綺麗な円でなくても、大丈夫です。隣席の方とは最初はなじみがないので、遠慮が先立ちます。その気持ちを受け入れてのウォーミングアップです。

1）指を折って１から10

道　　具：不要
期待効果：集中力を鍛える。数を数える習慣を取り戻す。
　　　　　指の屈伸により血流を促進させる。

両手の指を折りながら皆で声を出して１から10まで数を数えます。

すすめ方

左右の手を前に出し、手首を立て、指を広げます。ゆっくり両手の親指から順番に折りまげながら、１～10まで声を出して数えます。

二回目は、少し早く１～10まで声を出して数えます。

次は変化をつけます。

「次はちょっとむつかしいですけれどね。慣れたらそれほどでもないですよ。」などと言いながら「両手をパーにして前に出してください。右手の親指を折ります。これがスタートですよ。」とスタートの手の形を示します。

指の折り方は次のように説明しながら進めましょう。

「右手の人差し指と、左の親指を同時に折って１で～す」
「右の中指と左の人差し指を同時に折って２～」
「右の薬指と左の中指を同時に折って３～」
「右の小指と左の薬指を同時に折って４～」
「右の小指を伸ばして左の小指を折って５～」
「右の薬指と左の小指を伸ばして６～」
「右の中指と左の薬指を伸ばして７～」
「右の人差し指と左の中指を伸ばして８～」
「右の親指と左の人差し指を伸ばして９～」
「右の親指を折って左の親指を伸ばして10～」

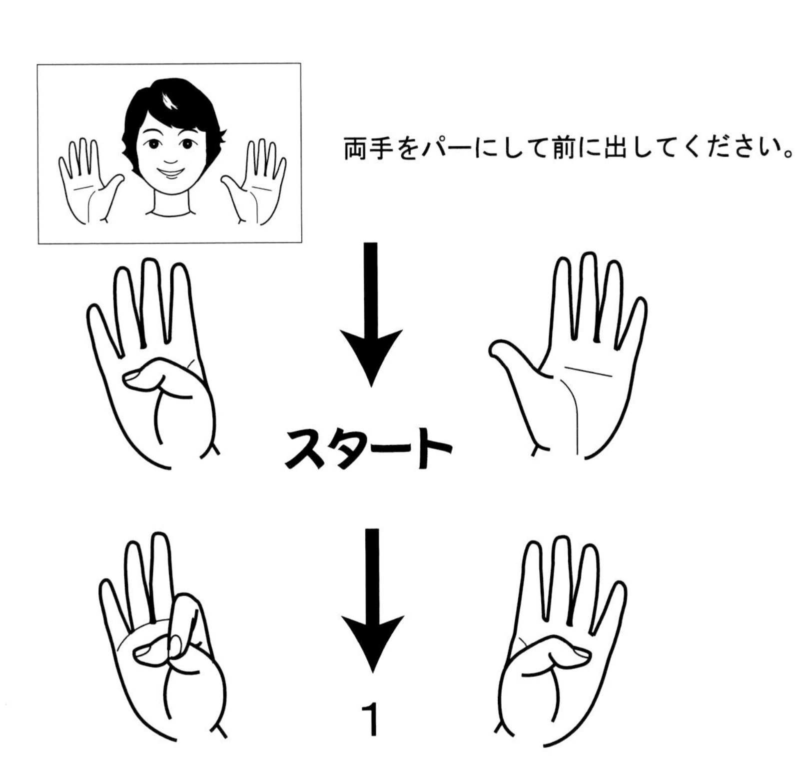

右手の人差し指と、左の親指を同時に折って１で～す

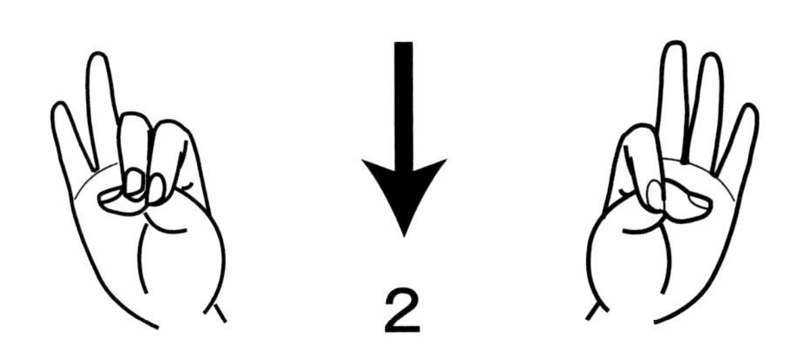

右手の中指と、左の人差し指を折って２

Point

1. 3から10まで説明する必要のない場合は、手の動きだけで進めるのも可。
2. 変化をつけた場合、参加者さんの状況により説明の仕方を工夫。

例：「右手を出しましょう。右手の親指を折りましょう。次に左手をパーで出しましょう」というように、動作を区切って提示。

2）数えうた1・2・3～

道　　具：不要
期待効果：集中力を鍛える。指の屈伸により血流を促進させる。 記憶力・理解力を鍛える。

日ごろ行わない指の折り方で指を折り、声を出して数えます。左右の手の動きは同じです。

すすめ方

指の形を見せながら1～5の指の形を示します。次のように説明しながら示しましょう。

「両手の親指を立てて1ですよ～」

「2は親指と人差し指を立てて2～」

「3はそこに中指をそえます。」「いつもの数え方と違いましたね。」「4はいつもの4、親指だけ折ります。」

「5は全部開いてパー、で5です。」

数えうた「1～2～3～」に合わせて指を動かします。歌詞には1･2･3･4・5の数字が出てきますが出てくる順序が違います。指の形に気をつけて一緒に数えうたのリズムにのって指を動かします。

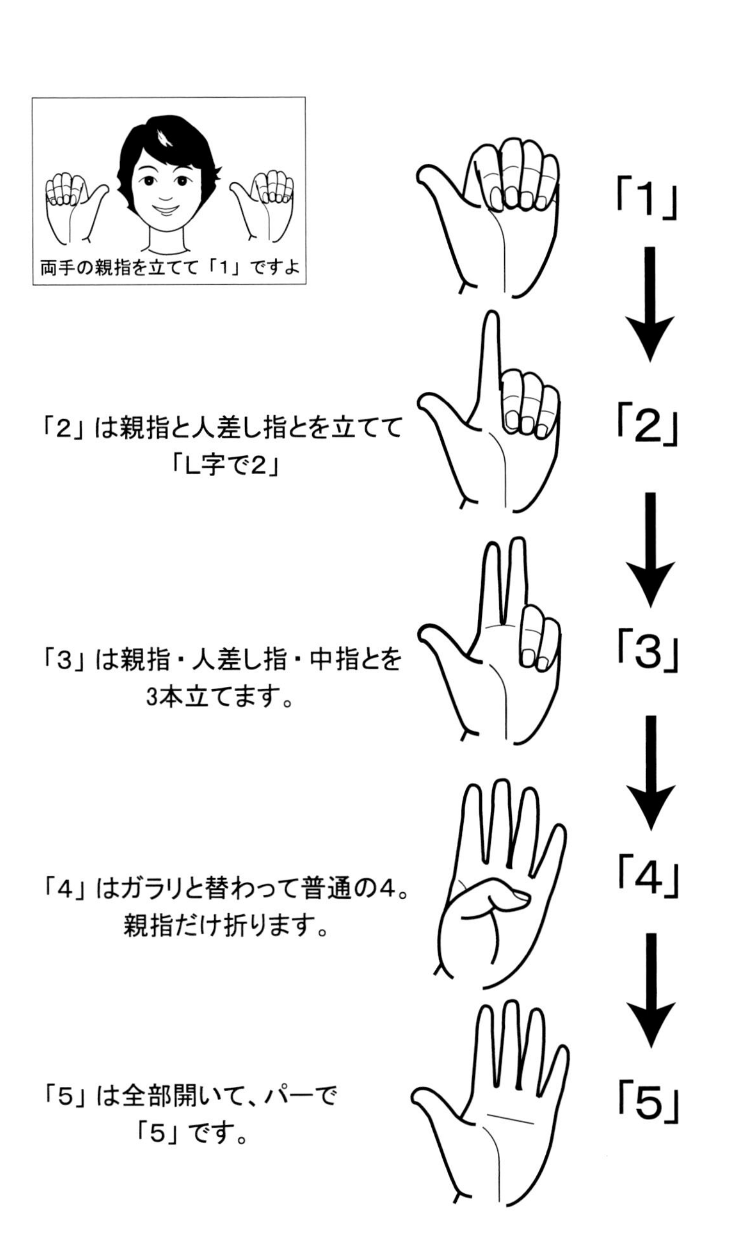
両手の親指を立てて「1」ですよ
「1」
「2」は親指と人差し指とを立てて
「L字で2」
「2」
「3」は親指・人差し指・中指とを
3本立てます。
「3」
「4」はガラリと替わって普通の4。
親指だけ折ります。
「4」
「5」は全部開いて、パーで
「5」です。
「5」

Ⅳ

♪　**かぞえうた**

いちにっさ〜ん（1・2・3〜）
しのにのご〜（4の2の5〜）
さんいちしのにの（3・1・4の2の）
しのにのご〜（4の2の5〜）

「終わりよければ全てよしですよ〜。誰も自分のことで一生懸命ですからね〜。誰が間違ったかなんて誰にも分かりませんからね。平気！平気！最後は5ね。元気よく5！」「最初の1と最後の5が出来たら上等です。」

Point

1. リーダーは他の人より一瞬早く歌いだし、歌より一瞬早く指の形を示して見せる。気おくれしない。
2. 地域によって「2の4の5〜」と歌うところもあるので、歌い慣れた方法で行う。

3）歌いながらグッパー

道　　具：不要
期待効果：記憶力・集中力を鍛える。指と腕の屈伸により血流を促進させる。リズム感を鍛える。

歌いながら右手･左手と交互に前に出します。前に出す手は､最初はパーで行います。次はグーで行います。前に出す手がパーかグーか、気をつけながら、歌に合わせリズミカルに行います。

すすめ方

リーダーは参加者さんの様子をよく確かめ、みんながリズムに乗って出来るよう、進め方を工夫します。発声は明瞭に行い、迷わせないようにしましょう。

歌いながらグッパー　その１

「右手はパーにして前に出してください。左手はグーで胸にあてましょう。」

「はい、次は左手をパーにして前に出して、右手はグーにして胸です。」

「さあ、このように交互に右手・左手と繰り返します。」

「前に出す手は、パーですよ。」

「はい、右がパーで前、左がパーで前。右がパ〜、左がパ〜。右がパ〜、左がパ〜。」

最初はゆっくり始め､少しずつ速さを加減しリズミカルに進めましょう。

「右がパッ、左がパッ！　右がパッ！　左がパッ！」

みんながリズムに乗って出来るようになったら、リーダーは自然な流れで歌を入れます。

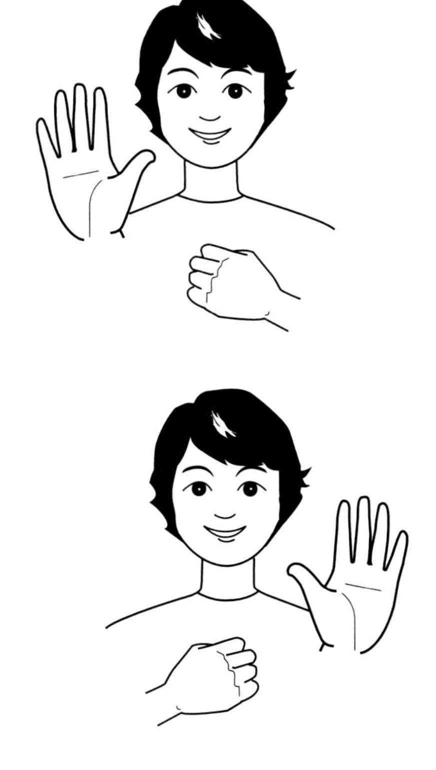

Ⅳ

♪　どんぐりころころ

1. どんぐりころころ　どんぶりこ
   お池にはまって　さあ大変
   どじょうが出て来て　こんにちは
   坊ちゃん一緒に　遊びましょう
2. どんぐりころころ　よろこんで
   しばらく一緒に　遊んだが
   やっぱりお山が　恋しいと
   泣いては　どじょうを困らせた

何処でも誰でもたいていは間違いなく出来ます。「な～んだ、こんなもの」という顔をされることもあります。そこで～

歌いながらグッパー　その２

「簡単でしたね。みなさん上手に出来ました。次はちょっと難しくなりますよ。よく聞いてくださいね～。」

「右がグーで前に出しますよ。左はパーで胸です。さっきと前に出す手の形が逆ですね～。」

「次は、左がグーで前、右がパーで胸です。」

「前に出す手は、グーですよ。」

「はい、右がグーで前、左がグーで前。右がグ～、左がグ～。右がグ～、左がグ～。」

最初はゆっくり始め、少しずつ速さを増し、リズミカルに進めましょう。

「右がグッ、左がグッ。右がグッ、左がグッ。」

みんながリズムに乗って出来るようになったら、リーダーは自然な流れで歌を入れます。

「どんぐりころころ　どんぶりこ～・・・」

ほとんど皆が間違えるので、自然に笑いが起こります。こうした展開こそがゲームの流れの中で大切なポイントです。

「前がグ～になったら、グ～を出すんだと思っているのにパ～が出てしまいますね。思うようになかなか出来ませんね～。どうしてでしょうね～。」と言いながら楽しみます。

Point

認知機脳が低下している方が混在している場合は、5段階加速法で行いましょう。

5段階加速法

1段階　ゆっくり始めます。

右がパ～～～、左がパ～～～。　右がパ～～～、左がパ～～～。

2段階　最後にアクセントをつけます。

右が**パー**、左が**パー**。　右が**パー**、左が**パー**。

3段階　最後を切ります。

Ⅳ

右が**パッ**、左が**パッ**。　右が**パッ**、左が**パッ**。

4段階　最初にアクセントをつけます。

ミギがパッ、**ヒ**ダリがパッ　**ミ**ギがパッ、**ヒ**ダリがパッ。

5段階　最初をきっぱり強く言います。

ミギッがパッ、**ヒダリッ**がパッ。　**ミギッ**がパッ、**ヒダリッ**がパッ。

4）でんでん虫

道　　具：不要
期待効果：左右異なる動作（指の形・手を置く位置）の繰り返しで、
　　　　　脳を活性化させる。指と腕の屈伸により血流を促進させる。
　　　　　リズム感を鍛える。

右手と左手を使い、でんでん虫の形を作ります。チョキはでんでん虫の角（つの）に、グーは家に見立てます。両手を重ね、でんでん虫の形を作り、交互に手を替えながら歌います。

すすめ方

「右手はチョキです。左手はグーにします。」

「右手のチョキの上に左手のグーをのせます。」

「何に見えますか？」

「でんでん虫が出来ましたね～」

「次は、左手がチョキ～、右手がグ～、チョキ～の上にグーをのせましょう。」

「では、ゆっくりやってみましょう。右手チョキ～、左手グ～、グーはチョキの上に～。左手チョキ～、右手グ～、グ～はチョキの上に～」

「グーをチョキの上にのせますよ。この形を右・左繰り返します。

「次は、右手チョキ～、左手チョキ～、右手チョキ～、左手チョキ～・・・・」

ここでも参加者の方の状況を見ながら、場合によっては5段階加速法（※ P31 参照）を使います。

皆が揃って出来るようになったら、自然な流れで歌を入れリズミカルに行います。

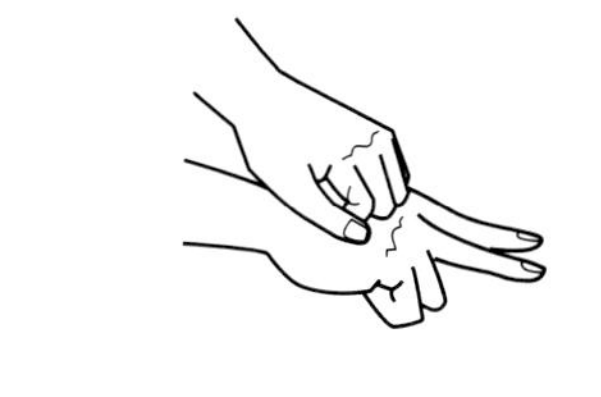

♪ でんでん虫

1. でんでん虫々　かたつむり
   お前のあたまは　どこにある
   角だせ　槍だせ　あたまだせ
2. でんでん虫々　かたつむり
   お前の目玉は　どこにある
   角だせ　槍だせ　目玉だせ

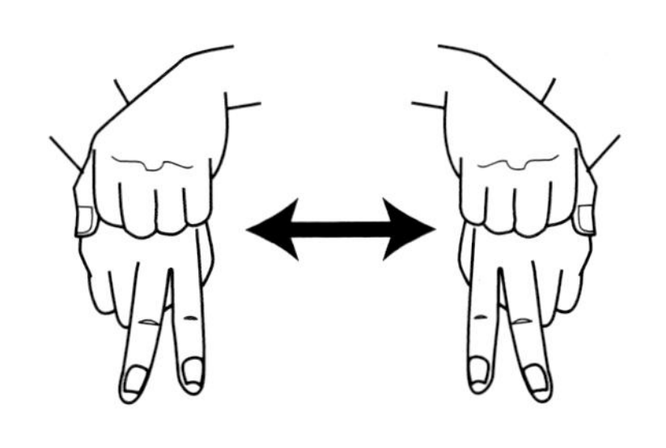

Point

1分にも満たない短い歌を使ったゲームだが、8つものことを行い、脳を活性化させる。

1）手の形の作り方をよく聞き理解する。
2）歌が終わるまで覚えたことを記憶する（継続記憶）。
3）歌詞を思い出す（古い記憶を引き戻す）。
4）皆と揃えて歌うよう、よく聴く（聴覚訓練）。
5）大きな声で歌う（発声訓練）。
6）左右の手の指の屈伸で、脳の血流を促進する。
7）二の腕を上げて行うことで、腕の筋力をつける。
8）歌に合わせて行い、リズム感を取り戻す。

Ⅳ

5）お茶つぼ

道　　具：不要
期待効果：左右異なる動作（指の形・手を置く位置）の繰り返しで、
　　　　　脳を活性化させる。

手遊び歌「お茶つぼ」を使ったゲームです。筒状に握ったこぶしをお茶つぼに、指をそろえた手を蓋と底に見立てます。歌に合わせ、そろえた手をこぶしのお茶つぼの上に置いて蓋とし、下にあてて底とし、蓋と底を交互に作り、歌に合わせて遊びます。さらに右手と左手で茶つぼと蓋・底の役割を入れ替えます。

すすめ方

「左手を筒の形にして〈お茶つぼ〉とします～」
「右手は指をそろえて伸ばしましょう。」
「左手の〈お茶つぼ〉の上に、右手をかぶせて蓋にしましょう」
「次に、右手の蓋を底にしま～す。」
「今度は、右手で〈お茶つぼ〉を作り、左手で蓋と底を作りま～す」
「さあ、交互に繰り返しますよ。」
「左手～お茶つぼ、右手～蓋・底、右手～お茶壷、左手～蓋・底。」
「では、左手でお茶つぼを作ると同時に右手で蓋・底といきますよ～」
「はい、右手と左手を交互に繰り返しま～す」
「次に、歌に合わせてゆっくりやってみましょう～」

♪　お茶つぼ

茶々つぼ　茶つぼ～
茶つぼにゃ　蓋がない～
底をとって　蓋にしよ～
ふ～たをとって　底にしよ！

ちゃ	ちゃ	つ	ぼ	ちゃ	つ	ぼ	～
上	下	上	下	上	下	上	～
ちゃ	つ	ぼ	にゃ	ふた	がな	い	～
下	上	下	上	下	上	下	～
そ	こを	とっ	て	ふた	にし	よ	～
上	下	上	下	上	下	上	～
ふ	たを	とっ	て	そこ	にし	よ	！
下	上	下	上	下	上	下	！

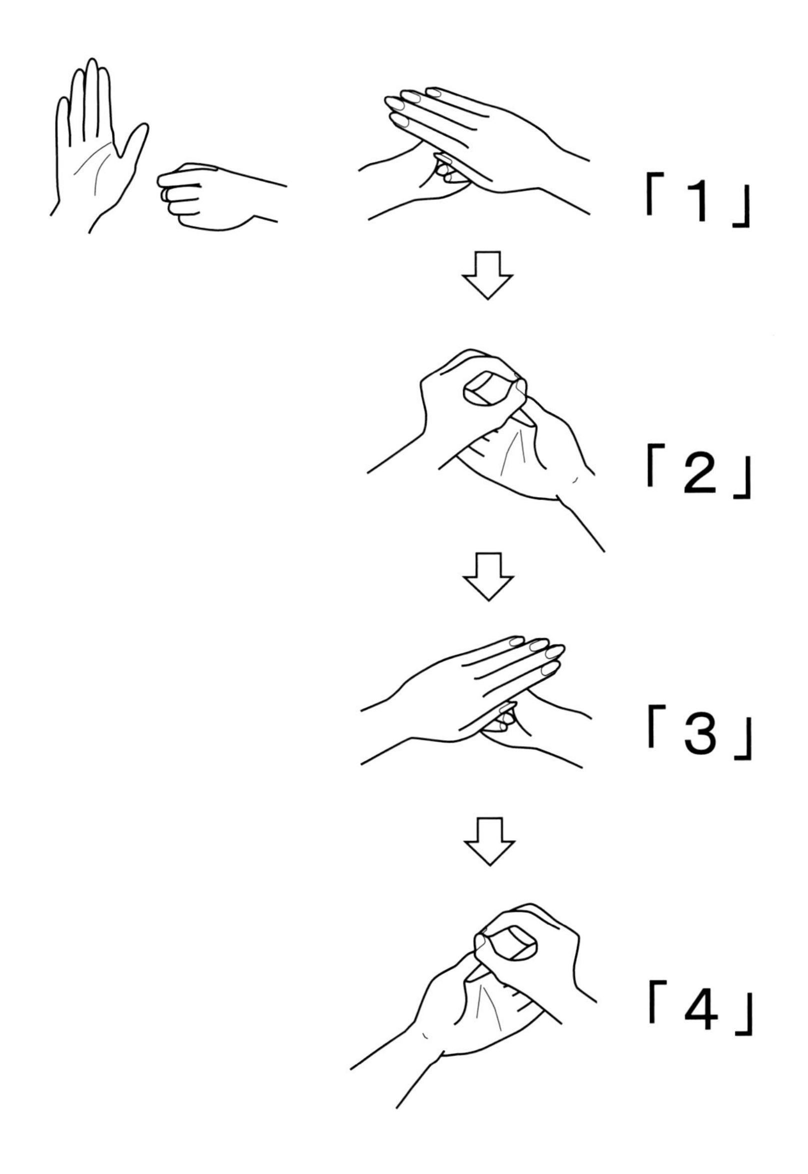

終わった時に底が出来ていたらマル。

二度目は少し早く、三度目は更に早くする方法も、可能であれば行ってみましょう。

リーダーがウッカリ間違えることがあります。そんな時は、

「これは上手に出来ることが良いのではなくて、間違って笑うのが良いのですから」等と言いながらリーダー自らも一緒になって笑いましょう。

または、

「あらぁ～、私も間違ってしまいました～。難しいですねえ～。でも、大丈夫、大丈夫・・・・」などと明るく言いながら皆で一緒に笑いましょう。

Point

1. 地域によってはこの手遊び歌に慣れ親しんでいないこともあるので、そのような場合は参加者さんの反応を見ながらゆっくりめに行う。

6）グーチョキパー

道　　具：不要
期待効果：指と肘の屈伸により血流を促進させる。
　　　　　出来ないことを共有し前向きな気持ちへ誘導。

右手と左手を同じようにグー、チョキ、パーと前に出し、パー、チョキ、グーと元に戻ることで指と肘を屈伸し、血流の促進を図ります。また、グー、チョキ、パーの速度を、誰もついて来られないほど限りなく速くし落伍者続出で、大爆笑で終えます。誰もが出来ないことを共有し、前向きな気持ちを誘い、ゲームその1のまとめとします。

すすめ方

「両手を前に出しましょう。さあ、両手一緒にグ～、次はチョキ～、
その次はパ～です。」
「次は両手がパ～、チョキ～、グ～です。」
このゆっくりした動作を２～３回繰り返します。皆で一緒に声に出して、
「グ～、チョキ～、パ～。　パ～、チョキ～、グ～。」
「グ～、チョキ～、パ～。　パ～、チョキ～、グ～。」
「グ～、チョキ～、パ～。　パ～、チョキ～、グ～。」
その後は徐々にスピードをあげ
「グ～チョキパ～。パ～チョキグ～。」３～４回
速く！
「グッ、チョ、パッ。パッ、チョッ、グッ。」２～３回
急速に
「グチョパパチョッグ。グチョパパチョッグ。グチョパパチョッグ。グチョパパチョッグ。」

早口言葉のように速くし落伍者続出で、サッと終わるのが楽しくなるコツです。中程度の速度で終わると全員が爆笑するところまでもっていくことは難しくなります。

全員が笑い崩れてから、次は肘の位置を変える方法で行います。
「グーは肘を後ろに引きます。チョキは少し前に出しましょう。パーで痛くない程度にぐんと突き出します。」
「こうすると弾みがついて上手に出来ますよ。」

上体は起こし、グーの時には肩甲骨を意識して引き寄せ、肘を後ろに引くようにします。胸筋と背筋の運動になります。肘の位置を変え、弾みをつけた方法で再度挑戦しましょう。

はじめはゆっくり、皆が揃って出来るのを見定めて、少し速く、さらに速くします。誰もついて来られないくらい急速に！　スピードについて来られない人が続出、大笑いになるのを見届けてサッと終わりましょう。

Point

1. 超急速で終え、リーダーについていけないことを共有することが何よりも大切。
2. 椅子の座り方に注意。肘を後ろに引くときは、椅子の少し前に浅く座り直す。
3. 椅子の形状を見極め、転倒に注意。

2. ゲーム　その2
輪のままで　スキンシップ（上半身の運動）

ゲーム「その2」は、7）から11）までのゲームが属します。輪のまま座位で行い、隣の方とのスキンシップが入ります。7）～10）はリズムに乗って行うゲームです。皆でリズムに乗って行い、最後にピタリと決まるととても気分がよいものです。リズミカルな運動は、幸せホルモンと呼ばれている脳内のセロトニンの分泌を促す効果があると言われています。

隣席との間を少し詰めて、輪を整え直しましょう。

7）リズム2拍子

道　　具：不要
期待効果：リズム感の取り戻し。

隣の方に軽くタッチしながら、2拍子のリズムに乗って歌を歌います。タッチすることで親近感が深まり、表情が明るくなってきます。

すすめ方

「両手で自分の両膝を軽くタッチします。」
「次に右隣の人の左ひざを両手で軽くタッチします。」

「自分の膝に戻ります。両手で自分の両膝を軽くタッチします。」
「今度は左隣の人の右ひざを両手で軽くタッチします。」
「さあ、ではこれを続けてみましょう。まずは、右からです。」
「自分～、み～ぎ、自分～、ひだりとなりますね。声に出して行いましょう。」
「自分の膝もお隣の方の膝も軽くタッチしてくださいね。」
「自分～、み～ぎ、自分～、ひだり、繰り返して行いますよ。」
全員の動きが揃うようになったら、歌を入れます。

♪　うさぎとかめ

1. もしもし亀よ　亀さんよ
   世界のうちで　おまえほど
   歩みののろい　ものはない
   どうして　そんなに　のろいのか
2. なんとおっしゃる　うさぎさん
   そんならおまえと　かけくらべ
   むこうの　こやまの　ふもとまで
   どちらが　さきに　かけつくか

Point

1. 自分・右・自分・左の動きが最初から難しい場合は、自分・右・自分・右などのように同じ方向だけで行うとよい。
2. リズム感の取り戻しを優先する。

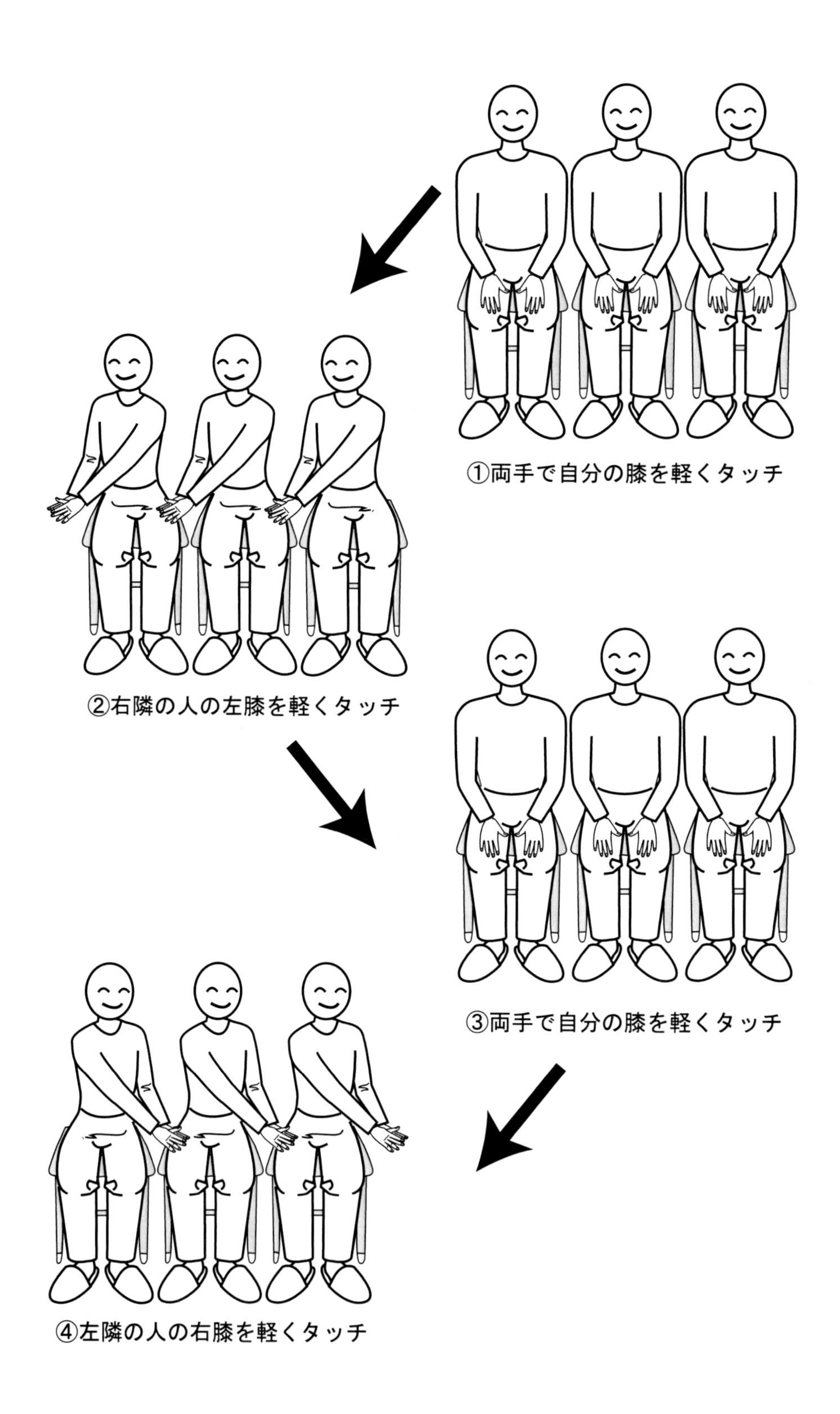
①両手で自分の膝を軽くタッチ
②右隣の人の左膝を軽くタッチ
③両手で自分の膝を軽くタッチ
④左隣の人の右膝を軽くタッチ

8）リズム３拍子

道　　具：不要
期待効果：リズム感の取り戻し。

リズム２拍子の動作にもう一つの動作が加わり３拍子になります。お隣の方に軽くタッチしながら３拍子のリズムに乗って歌を歌います。

二通りのすすめ方があります。

すすめ方

リズム３拍子　その１

「両手で自分の両膝を軽くタッチします。」
「次に右隣の人の左ひざを両手で軽くタッチします。」
「さあ今度は、自分の顔の前で、両手でポンと拍手しましょう。」
「また、両手で自分の両膝を軽くタッチします。」
「次に、左隣の人の右ひざを両手で軽くタッチします。」
「さあ今度は、自分の顔の前で、両手でポンと拍手しましょう。」
「さあ、ではこれを続けてみましょう。まずは、右からです。」
「自分〜、み〜ぎ、ポン〜、自分〜、ひだり〜、ポン〜になりますね。」
「動作に合わせて、イチ、ニイ、サンと３拍子のリズムを声に出してとりましょう。」
「自分の膝もお隣の方の膝も軽くタッチしてくださいね。」
「イチ、ニイ、サン、イチ、ニイ、サン、 繰り返して行いますよ。」

全員の動きがリズミカルに揃うのを見定め、歌を入れます。三拍子の歌は「故郷」で大丈夫。飽きません。

拍手の場面でリーダーが「ポン」と言っても、弾みがついて「ホイ」とか「ソレ」とか他の言葉になったりすることもありますが大丈夫です。皆が楽しんで出来る掛け声で楽しんでください。

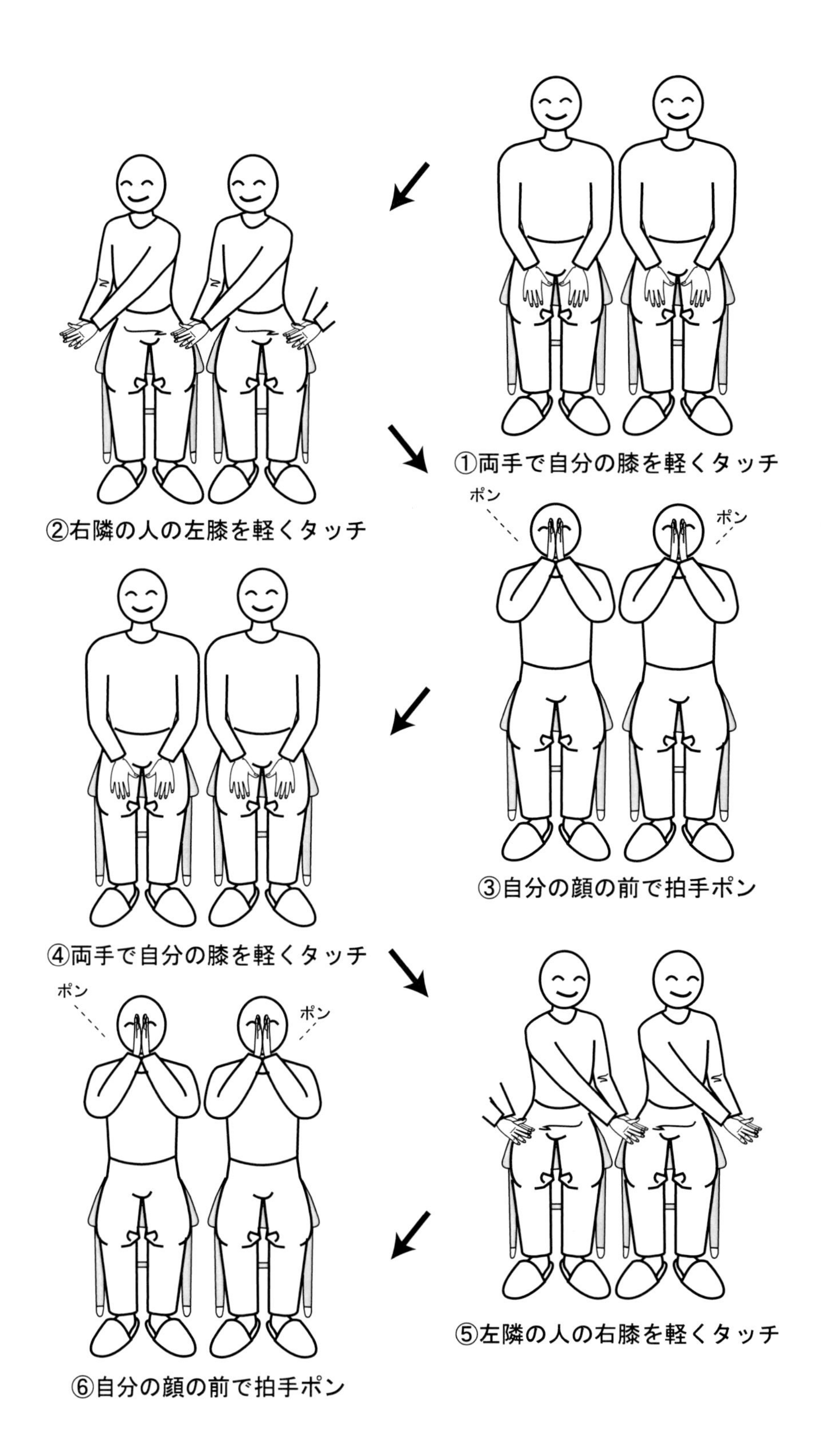
①両手で自分の膝を軽くタッチ
②右隣の人の左膝を軽くタッチ
ポン
ポン
③自分の顔の前で拍手ポン
④両手で自分の膝を軽くタッチ
⑤左隣の人の右膝を軽くタッチ
ポン
ポン
⑥自分の顔の前で拍手ポン

リズム３拍子　その２

すっかり慣れてきたらアレンジしてみましょう。

「両手で自分の両膝を軽くタッチします。」

「もう一度自分の両膝を軽くタッチします。」

「今度は、右隣の人の左ひざを両手で軽くタッチします。」

「自分～、自分～、みぎとなりましたね。」

「次は、自分の膝に戻り、両手で二回タッチし、左隣の人の右膝を軽くタッチします。」

「自分～、自分～、ひだりとなりましたね。」

「さあ、ではこれを続けてみましょう。まずは、右からです。」

「自分～、自分～、みぎ、自分～、自分～、ひだり～・・・・・」

♪　ふるさと

兎追いしかの山　小鮒釣りしかの川

夢は今もめぐりて　忘れがたき故郷

（一番だけでいいです）

Point

1. 最初から左右の動きを行うのが難しい場合は、同じ方向だけで行っても良い。
2. ３拍子のリズムは取りにくい。４拍子にならないよう気をつける。

9）リズム４拍子

道　　具：不要
期待効果：リズム感の取り戻し　上腕・上体の運動

隣の方に軽くタッチしながら、四つの動作で４拍子のリズムに乗り歌を歌います。両隣の方と親近感が深まり、会話も多くなってきます。

すすめ方

「両手で自分の両膝を軽くタッチします。」
「次に右隣の人の左ひざを両手で軽くタッチします。その手はそのままで。」
「さあ今度は、右隣の人の左肩を軽くタッチします。」
「次は、自分の顔の前で、両手でポンと拍手しましょう。」
「自分〜、み〜ぎ、か〜た、ポン〜。となりましたね。」
「こんどは、左に行きますよ。両手で自分の両膝を軽くタッチします。」
「次に左隣の人の右ひざを両手で軽くタッチします。その手はそのままで。」
「左隣の人の右肩を両手で軽くタッチします。」
「次は、自分の顔の前で、両手でポンと拍手しましょう。」
「自分〜、ひだり〜、か〜た、ポン〜、です。」
「さあ、では右と左を繰り返してみましょう。まずは、右からです。」
「自分〜、み〜ぎ、か〜た、ポン〜。自分〜、ひだり、か〜た、ポン〜。」

全員の動きが揃ってスムーズになったら、少しテンポを速めます。リズミカルに揃ってきたら「もみじ」や「春の小川」「富士の山」など、４拍子の歌を皆で歌いながら楽しみます。

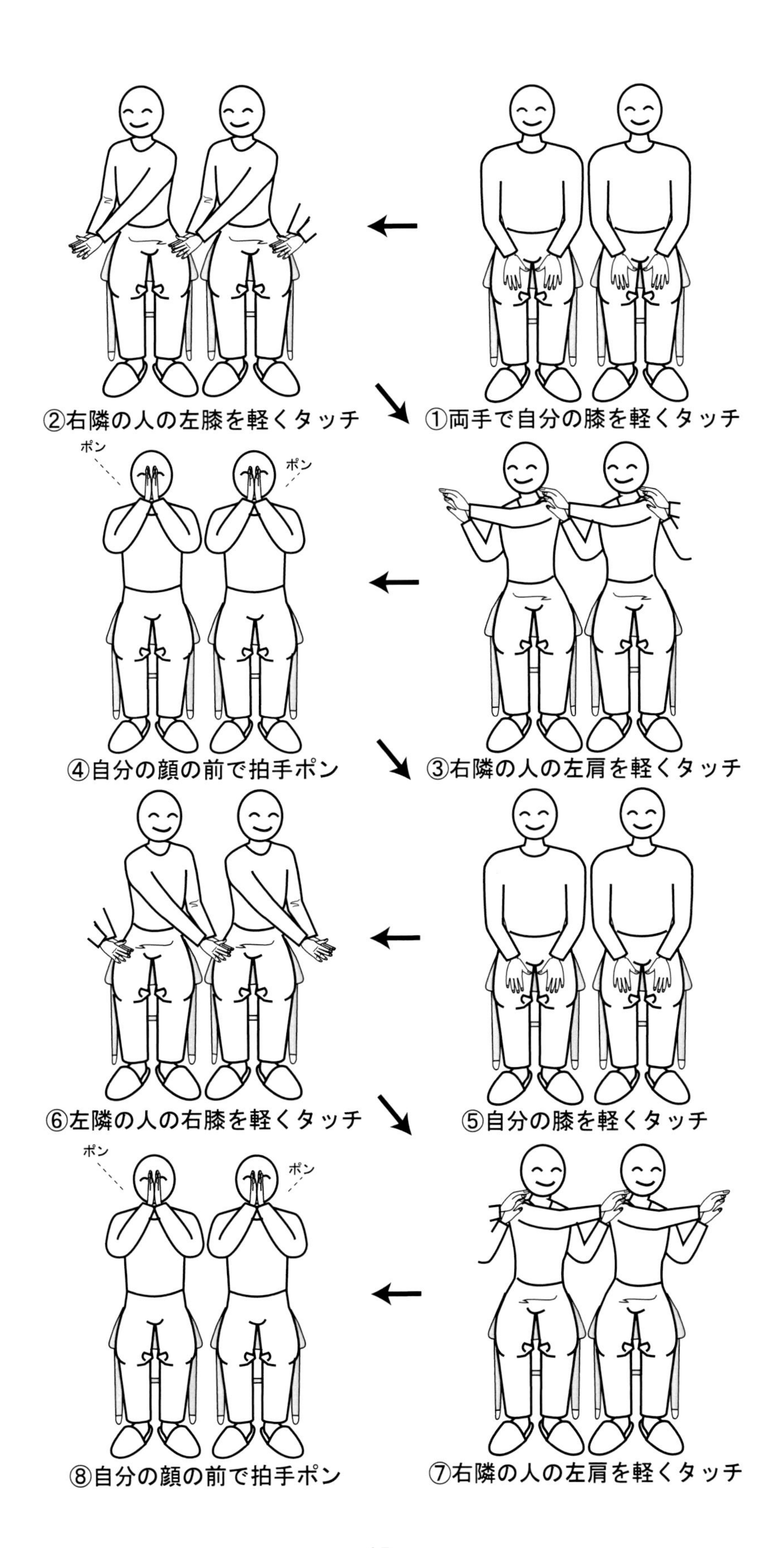
①両手で自分の膝を軽くタッチ
②右隣の人の左膝を軽くタッチ
③右隣の人の左肩を軽くタッチ
ポン
ポン
④自分の顔の前で拍手ポン
⑤自分の膝を軽くタッチ
⑥左隣の人の右膝を軽くタッチ
⑦右隣の人の左肩を軽くタッチ
ポン
ポン
⑧自分の顔の前で拍手ポン

小学唱歌は皆が知っているので使い易いのですが、「春の小川」は、歌詞の改訂がたびたび行われたため、高齢の方と若いスタッフが同じ歌詞で歌えるかどうか事前に確かめておきましょう。戦前は小学唱歌に文語体が多く使われていました。同じ歌で馴染みがないということもあります。また、皆の中で一人だけ違う歌詞で歌ってしまうと、戸惑ってしまい自信を無くされるかもしれません。

♪　富士の山

あたまを雲の上に出し
四方の山を見下ろして
かみなりさまを下に聞く
富士は日本一の山

（一番だけでいいです）

♪　もみじ

秋の夕日に照る山もみじ
濃いも薄いも　数ある中に
松を彩る　かえでや蔦は
山のふもとの　すそ模様

（一番だけでいいです）

♪　春の小川－１

春の小川は　さらさら流る
岸のすみれや　れんげの花に
にほいめでたく　色うつくしく
咲けよ咲けよと　ささやく如く

この歌詞は戦前 1912 年『尋常小学唱歌第四学年用』に載った歌詞です。戦中 1942 年尋常小学校から国民学校に移行となり、文語文の学習は５年生以上と定められ、口語体に変えられました。その歌詞が次の歌詞です。

♪　春の小川－2

春の小川は　さらさら行くよ
岸のすみれや　れんげの花に
すがたやさしく　色うつくしく
咲いているねと　ささやきながら

戦後1947年に再び歌詞が変えられ次のようになりました。そのため高齢の方は5歳違いで歌詞の記憶が異なり、なじみのある歌ですが、一緒に歌うと「アレレ違うわね。」ということになることがあります。「春の小川」は、歌詞の違いがあることを念頭に置き、配慮してすすめましょう。

♪　春の小川－3

春の小川は　さらさら行くよ
岸のすみれや　れんげの花に
すがたやさしく　色うつくしく
咲けよ　咲けよと　ささやきながら

Point

1. 手を肩に上げる動作や姿勢がなかなか出来ないことがある。
   よく理解出来るよう丁寧に説明する。
2. 両手を肩に持ち上げる姿勢は無理をしない。片手だけでもよし。

10）お手玉（おじゃみ）回し

道　　具：お手玉一人に一個。お手玉を入れる箱（籠）。
期待効果：リズム感の取り戻し。美的感覚を刺激。数に対する感覚を養う。指先の感覚を鍛える。左右の再認識を促す。

一人に一個のお手玉を準備します。歌を歌いながら、お手玉をリズムに合わせて隣の人に回します。速度を変えたり、回す方向を変えたりしながら、変化に合わせて素早く反応することを楽しみます。

数の記憶や計算をゲームの最後に組み入れ、数に親しみ、計算することを習慣づけます。

すすめ方

お手玉を準備します。視覚から脳の活性化を促す意味で、お手玉は色彩を考慮し美しく整然と箱詰めしておきます。

お手玉の箱を持って輪の中に入ります。3～4個のお手玉を取り、2～3人おきに何人かの参加者の方に渡し、一人に一個ずつ配っていただくようにお願いします。

「一人に一個ずつ配ってくださいね。」

「さあ、お手玉一個お持ちですね。」

「左手の手のひらにお手玉をのせ、その手の甲を左の膝につけるようにします。」

「右手で左の手のひらの上にあるお手玉を掴み、右隣の人に回します。」

「それでは『掴んで右へ』と言いながら右隣の人の左の手のひらにのせましょう 。」

「掴んで右へ、掴んで右へ、掴んで右へ・・・・」

皆で「掴んで右へ～」リズミカルに発声します。

皆が揃って出来るようになったら、自然の流れで歌を入れます。

♪　お猿のかごや

えっさ　えっさ　えっさほいさっさ
お猿のかごやだ　ほいさっさ
日暮れの山道　細い道
小田原提灯　ぶら下げて
それ　やっとこ　どっこい　ほいさっさ
ほ〜い　ほいほい　ほいさっさ

（一番だけでいいです）

歌を入れて楽しく出来たら、参加者さんの様子を見ながらスピードアップや方向転換を楽しみます。

「掴んで右へ」とゆっくり始め、皆が揃って出来るようになったら、少しずつ速くしてスピードアップしてみましょう。「急行・特急・新幹線」などと言ってスピードにメリハリをつけます。

皆が楽しんでスタート出来ているか、よく見回します。揃いきっていないのにスピードをあげると、ついて来られない方が多くなるので気をつけましょう。

リズムにうまく乗れない方がおられる場合は、意識して動作を一つずつに区切って行いましょう。動作を一つずつに区切って行う方法を**「ロボット方式」**と呼んでいます。

ロボット方式

「ツカ」で掴む。
「ンデ」で右手を高く上げる。
「ミギ」で右隣の人の左の手のひらに弾みをつけてリズムが伝わるように置く。
「へ」　で右手を高く上げながら元の位置にもどす。

Ⅳ

このように動作を一つずつ区切って行うとリズムにうまく乗れるようになります。

方向転換は次のようにします。
「掴んで右へ～」と右回りを繰り返している途中でリーダーは「替えて」と言いながら右手を左手のお手玉の上にかぶせ、お手玉を挟みます。お手玉を挟んだ両手をひっくり返して右ひざに乗せます。
「左手が上になっていますね。」
「右手にはお手玉が乗っています。右手の甲は右膝の上に固定します」
「では、今度は、左に回しますよ。右の手のひらのお手玉を、左手で掴み、左の人の手のひらに乗せます。」
「お手玉を左に回しますよ。掴んで左～、掴んで左～・・・・」

皆が揃って出来ているか、楽しめているか、よく見回しましょう。
揃って出来るようになったら、「替えて」をランダムに入れていきます。
「掴んで左～、掴んで左～、掴んで左・・・・・替えて！掴んで右へ～、掴んで右へ～・・・替えて！掴んで左～、掴んで左～・・・・替えて！・・・」
「替えて！」「替えて！」と「替えて！」を連発すると、必ずといっていいほどリズムを崩したり、お手玉を落として手元が空っぽになったり、幾つも溜まったりする方が出て自然に爆笑がおこります。

やさしさのシャワー

手元にお手玉がなくなってカラッポになったり、幾つもたまったりした人は、一目瞭然でうまく出来なかったことが分かります。それをうまく出来なかったと言わないのがやさしさです。
「お金持ちになったわねえ。」「他の人にあげられたのですねえ。やさしいですねえ。」などと言います。そう言われると悪い気はしません。他愛ないくすぐりで一緒に笑い合っていますと、同じ場面が出てきたときに、また同じせりふを言うだろうと期待しておられます。「お金持ちになったわねえ。」で、「そら言った。」というように笑いが倍増していきます。

 終わりの計算

お手玉回しは最後に数の計算をして終わりになります。

お手玉回しを終えるときは、利き手でない方の手で輪の中央に置かれた箱（籠）の中にお手玉を投げ入れ、入った数やこぼれた数を数え、計算します。まず、参加者さんの人数を数え、お手玉が全部で幾つあるか確認します。

「皆さん、お手玉をお持ちですね。今日の参加者さんの人数を数えます。まず私からいきますね。はい１！」

続いてお隣の人が「2 ！」「3 ！」・・・・

「全部で 19 人（例えば）ですね。お手玉は 19 個あります。覚えておいてくださいね。では利き手でない方の手にお手玉を持ってください。お手玉をあの箱の中に投げ入れますよ。さあ一緒にエイッ！」

皆が投げ入れると箱（籠）に入ったりこぼれたり。

「箱の外に出た数を数えますよ。一緒に声を出して数えてくださいね。」

「1、2、3、4・・・」

リーダーがリードしながら皆で声を出して数えましょう。

「12 個こぼれていましたね。入ったのは何個でしょう。」

今日の参加者の人数を思い出し、引き算で計算をします。

入らなかったお手玉を数えるときは、輪の全員によく見えるよう腰を落とし、リーダーの背後になる参加者さんに配慮しながら行います。

「今日の参加者は何人でしたか？」

「19 人！」「19 引く 12 は。」「7 ！」

と自然な形で、引き算を使って計算します。

お手玉（おじゃみ）の作り方

お手玉は俵型ではなく、座布団型（四角の形）に仕上げます。

①材料

・9 cm（縫い代込）× 4.5 cm（縫い代込）の布を 4 枚（箱に並べた時の配色を考え、2 枚ずつ色柄を変える）。

・手芸用ペレット（お手玉 1 個につき 35 グラム）。

②作り方

・2 枚を縫い合わせ、2 組のかぎ型をつくります。

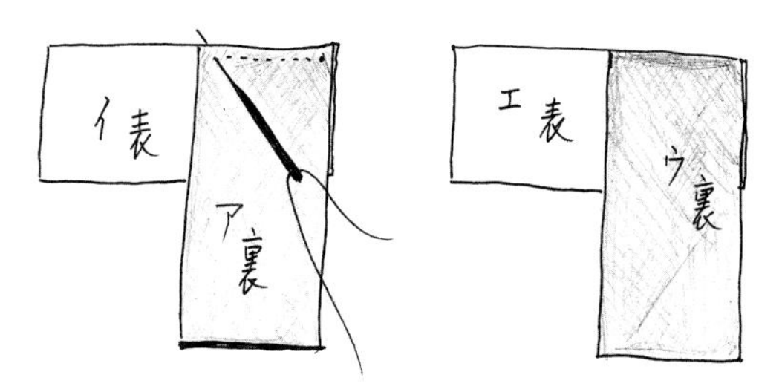

・針を端まで進めたら、ぐるりと回して矢印の方に縫い進めます。

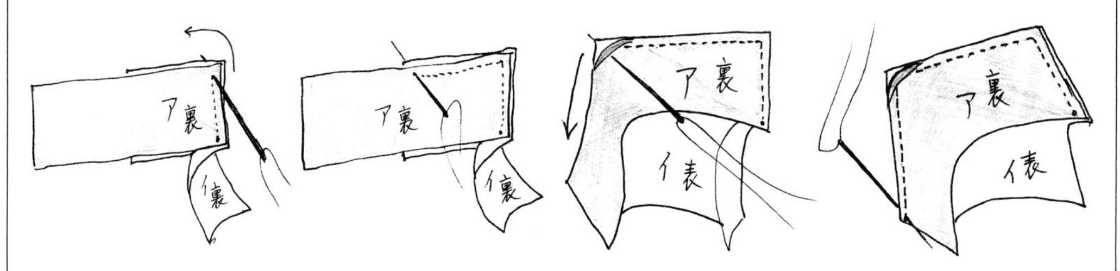

・もう一組も同じように縫い、コの字型を二組つくります。

・二組の布を表返しにし、図のように折り、中表にして重ね合わせます。

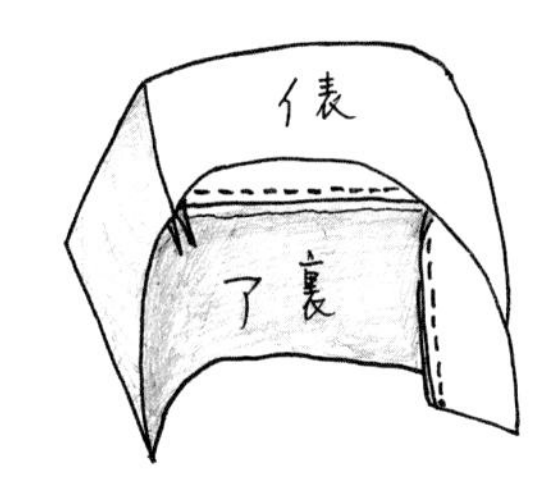

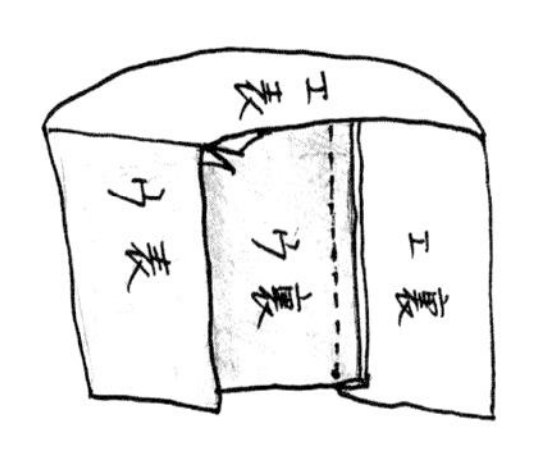

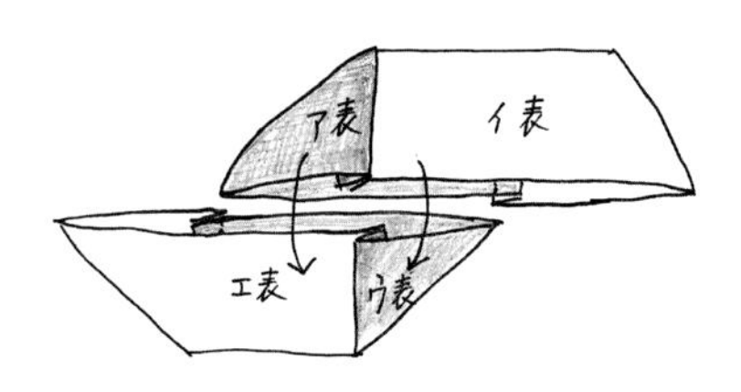

・重ね合わせた中の布を図のように中表に合わせ、真ん中を縫い合わせます。

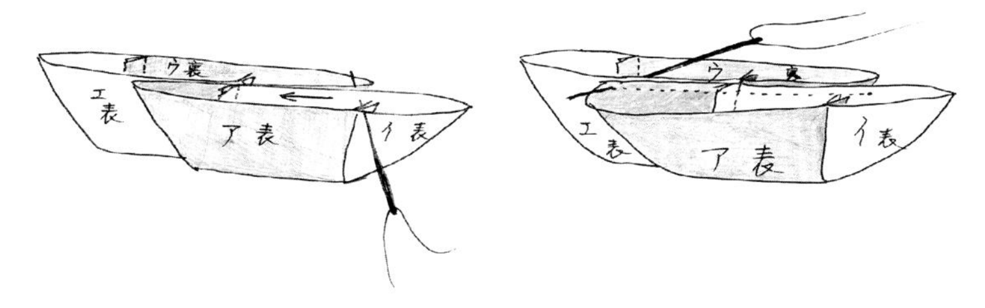

・真ん中まで縫い進めたら裏返し、△印どうしを縫い合わせます。

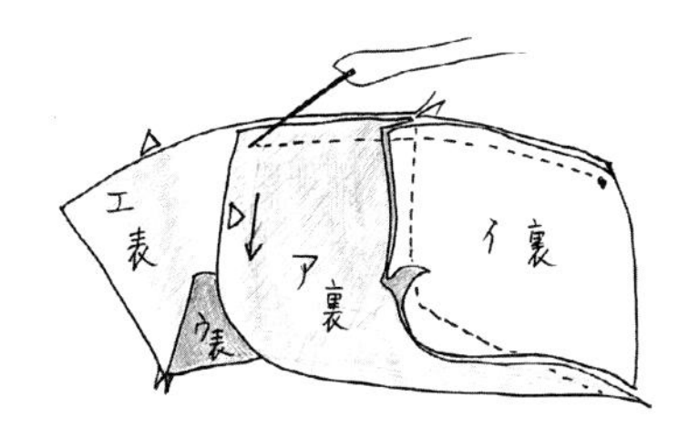

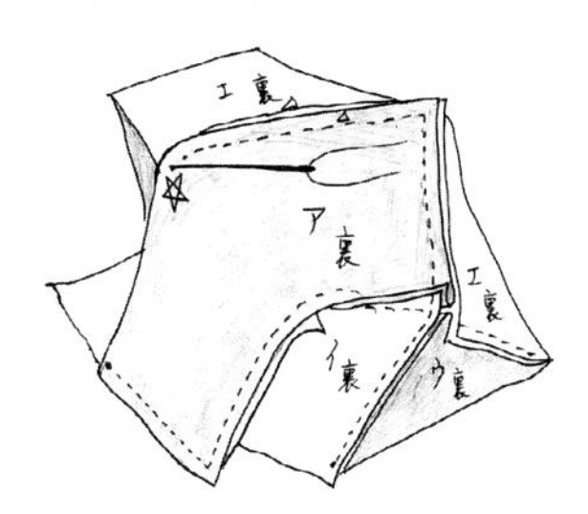

・星印まで縫い進め、矢印の方に縫い合わせ、ペレットを入れる 1 辺だけ縫い残し、表に返しペレットを 35 グラム入れて、本ぐけ縫いで縫い合わせ出来上がりです。

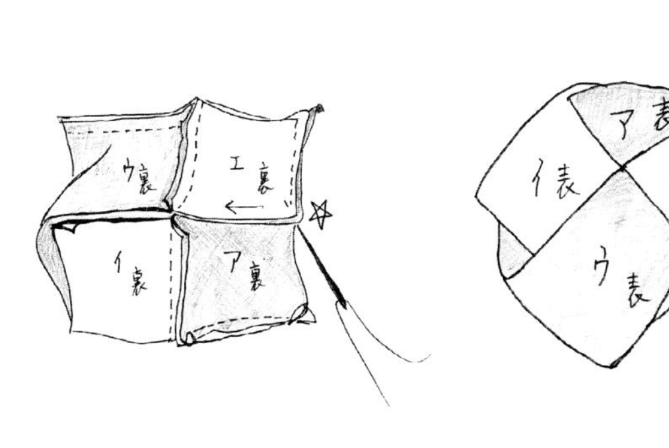

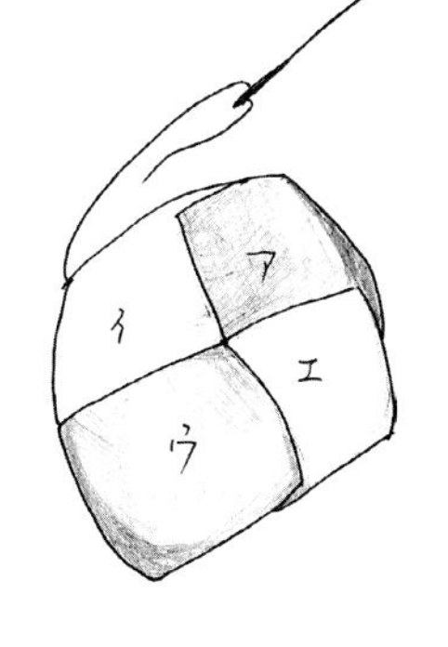

Point

1. 「つまむ」のでなく、「つかむ」と伝える。
2. ロボット方式で誰もがリズムに乗れるようリードする。
3. 「替えて」の説明は丁寧に行う。
4. 「替えて」の時、「つかんで左・・」の代わりに「右から左・・・」と言いながら左右を意識して回す方法もある。
5. 箱に投げこむ時は、あえて利き手ではない方の手を使う。

11）ドジョウさん

道　　具：不要
期待効果：集中力と敏捷性（びんしょうせい）を鍛える。
　　　　　左右異なる動作を同時に行うことで、脳を活性化させる。

左手で作った筒型を池に、右手の人差し指をのばしてドジョウに見立て、ドジョウを捕まえたり、捕まえられないように逃げたりしながら、敏捷さを鍛え、左右異なる動作を同時に行い、脳の活性化を促します。
※ドジョウに見立てる指は、人差し指にこだわらない。

すすめ方

(1) 自分の池で遊ぶ

左手で筒型に輪をつくり、池に見立てます。
「これは池ですからね。水が漏れないように左膝に置いてください。」
右手人差し指をのばして、ドジョウに見立てます。
「右人差し指をのばして、これはドジョウですよ。自分の左手の池の中にドジョウを入れて動かしましょう。池でドジョウが遊んでいますね～」
「自分の池でドジョウは元気に泳いでいますか～」

(2) 隣の池で遊ぶ

右隣の池に遊びに行き、数を数えてハイのかけ声で隣の池から逃げたり、自分の池のドジョウを捕まえたりします。

「さあ、隣の池に遊びに行きましょう。右隣の人の池ですよ～」

「皆で一緒に数を数えますよ。1～、2～、3～・・・・・」

(3) 捕まえたり逃げたりして遊ぶ

「私が途中でハイと言ったら、自分の池のドジョウを捕まえ、遊びに行っていた自分のドジョウは逃げますよ～」

「池はゆったり遊べるように広くしておいてくださいね。」

などと言いながら、楽しい雰囲気で行います。

数を数えるときは、リーダーの発声に合わせてのんびりと「い～ち、に～い、さ～ん・・・・」と数えましょう。不意にリーダーが「ハイ！」と大きな声で言うと、それを合図に左右の手は別々の動きになります。右手のドジョウは逃げる、左手の池は捕まえる、と機敏に違う動きをします。なかなか難しいですが、思わず爆笑になります。

(4)「ハイ」役を交代して遊ぶ

逃げたり捕まえたりするゲームを楽しんだら、次は「ハイ」という役を交代します。

「ハイ」という役は結構難しいので、参加者さんの様子を見ながら「ハイ」担当をお願いしましょう。「ハイ」担当の方が「ハイ」を言いそびれて10も20も数えて、ついに言えないということもありますが、「気が焦って、ハイが言えないですよね～」「ゆっくり遊べましたね」などと言い、失敗としないようやさしさのシャワーで収めましょう。

指名されて「ハイ」というのに意気込んで、一生懸命になると、意外にも「ロク！」とか「シチ！」とか数を叫ぶ人が少なからずあります。それで爆笑になることもあります。皆で爆笑すると本人ともども皆が仲良くなれます。

大事なことは、「ハイ」と言えなくて「ゴ」とか「ロク」と叫ぶ参加者さんがあっても、やり直しなどしないことです。

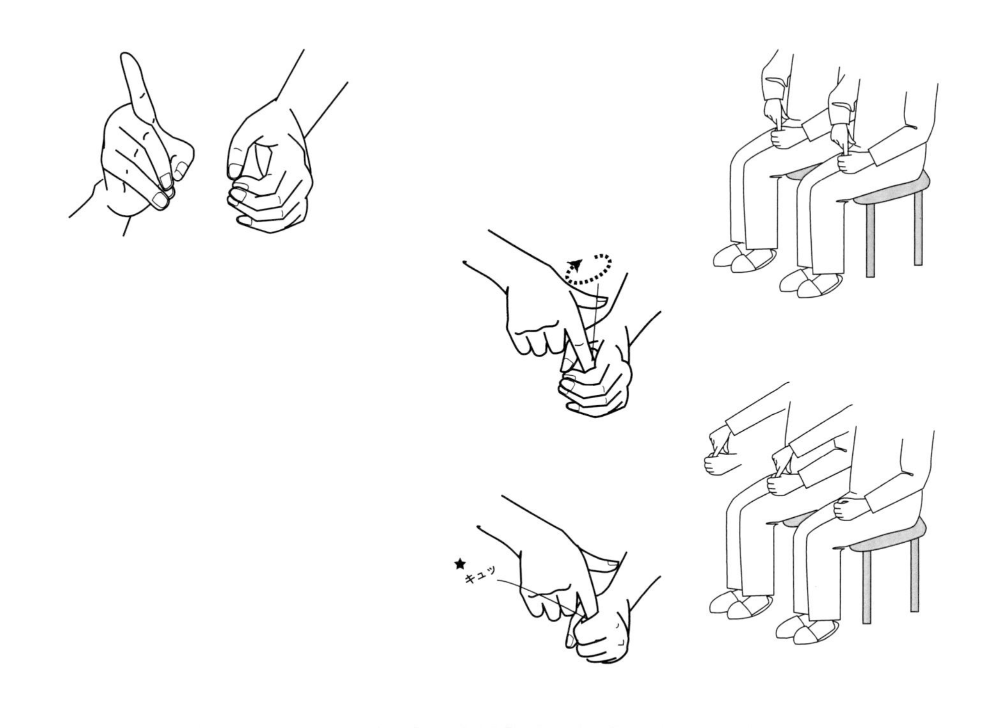

Point

1. 「ハイ」役を指名するときは、参加者さんの状態をよく観察し楽しんで行えるよう配慮する。
2. すすめ方の説明を丁寧にする。
3. 片麻痺があるなどの身体的状況に配慮する。

3. ゲーム　その3　机の前に移動して

ゲームその3は、12）から15）までのゲームが属します。このゲームは、いわゆる頭の体操ゲームです。ここで机に移動しますが、それは「ドジョウさん」ゲームで教室内の“瞬発力を競う緊張感と笑いにあふれた雰囲気”を少し鎮静させる意味もあります。

また、ゲーム3を始める前にトイレ休憩を入れたり、水分補給のお茶などをお出しします。お茶碗などを参加者さんが片付けようとされたら、遠慮しないで謝辞を述べて、手伝っていただきます。

12）ことば集め

道　　具：不要（場合により用紙、バインダー、筆記用具）
期待効果：想起力を活性化する。昔の事を思い出す。
　　　　　書字能力を高める。

花の名前や都道府県名など、または「あ」や「い」などで始まる言葉（かしら文字）の一字を決め、単語を出し合うゲームです。

次の2パターンのすすめ方があります。

すすめ方

(1) 一人ずつ順に行う

テーマに沿った単語を一人ずつ順番に言います。

「あたま」「あんどん」「アルゼンチン」「あんみつ」「あほばか」、意外な言葉や珍しい単語が出ますので、「昔そんなのありましたねえ。」「あら、外国の名前ねえ。よく思い出しましたねえ。」「美味しそうねえ。」などと褒めます。下品な言葉が出ても嫌な顔をしないでサラリと流します。否定しないことがやさしさのシャワー。

(2) グループで行う

グループ分けをします。時間を決めて、グループごとに単語を次々と出し合う方法です。グループ内で一人が書き役になり、決められた時間内に出た単語を書き出し、その後、各グループごとに出た単語を読み上げ単語の数の多さを競うやり方も出来ます。

机に移動出来ない会場では、輪になったそのままで、隣同士が組になり、決められた時間内に出来るだけ多くの言葉を書き出していく方法もあります。この場合は、バインダーなどに用紙を挟み、鉛筆も用意しておくとよいでしょう。書き役と読み上げ役の役割分担も出来ます。

(1)の難点は、満座の中で言えなくて、どぎまぎする方が出ることです。
(2)の難点は、書き役の方が字を書けなかったり、ゆっくり思い出すタイプの方がグループの中で発言が出来ずに終わることです。隣と二人組になっても、一人が主導権を取ってしまうと、取り残されてつまらない思いをされる場合もあります。
(1)と(2)、どちらかをリーダーの判断で行いますが、それぞれ一長一短があります。
控えめな方が、ゆっくりと「かまど」とか「いかき」とか古い言葉を出されて、他の参加者さんから「オォ～」というどよめきと共に一目置かれる、ということもありますので、そういう場面を引き出すことが出来ると嬉しいものです。

Point

1. 言葉を思いつかない人には、リーダーがジェスチャーで示す(リーダーが足を指さして、「これは何?」など)。
2. 同じ言葉が出た場合の対処法を前もって決めておく。
3. テーマは、地域・季節・年齢層などを考慮して出す。
4. 筆記用具は、2B、4Bなど芯が柔らかい鉛筆。芯の先は少し丸めておくと安全。

13)手作りビンゴ

道　　具:机。A4程度の用紙。筆記用具(2B又は4Bの鉛筆)。
期待効果:筆記力をつける。想起力を高める。ルールを理解し、早くビンゴがとれるよう考える力をつける。

用紙を縦横とも三つに折って九つの枡目を作り、一マスに一つの言葉を書き、順番に発表し合って、縦・横・斜めと繋がったら完成という、簡単手作りビンゴです。

すすめ方

一人ひとりに白紙（A4 用紙など）と筆記用具を配ります。

「まず、紙を縦に３つに折ってください。」

「そのまま横に向けて、又３つに折ります。広げると９つのマス目が出来ましたね。」

「このマス目の一つひとつに、今日のテーマの言葉を書いていきます。」

と説明しながら、テーマに沿った言葉を書くことを伝えます。

「書き終わったら、一人１個ずつ発表していただきますよ。」

「誰かが発表した言葉を自分も書いていたら○で囲んでおきます。」

「縦・横・斜めのいずれか、○が三つ並んだらビンゴ！です。」

と、手作りビンゴゲームのルールを丁寧に説明をします

「じゃあ、今日のテーマは花にしましょうか。」と、書く言葉のテーマを決めます。

縦と横に折って出来た９つのマスの中に、１マスひとつずつ、テーマに合う言葉を書いていきます。全員が書き終わったら、一人に１回一つずつ、順番に発表していただきます。

発表者は、自分が発表した言葉を○で囲み、他の参加者さんは、発表された言葉が自分のマス目の中にあればそれを○で囲みます。

縦・横・斜めと○が連続すると、棒線を引きます。

二つの言葉に並んで○が付いたら、「リーチ！」、○が三つ並んだら「ビンゴ！」など声を掛け合います。

自分で考えて九つの言葉を書くということは、なかなか難しいものです。思いつきやすい身近なテーマ、例えば、食べ物などの名前から始めて、「夏の食べ物は」というように、季節で変化をつけるのもいいでしょう。「魚

の名前」や「野菜の名前」、「都道府県」、または、「昔の遊びは」とか「お正月にすることは」、「春といえば」などと、日頃から考えておくと自分の頭の体操にもなりますし、ルール説明の時もスムーズに出来ます。

参加者さんが一生懸命考えて書いた言葉は、時間の許す限り全部発表していただきましょう。満足感が高まります。また、珍しい言葉は、リーダーがすかさずキャッチし、その方にスポットを当てて、褒めましょう。その言葉の「謂れ(いわれ)」を聞いて、皆で楽しさや発見を共有すると、より盛り上がります。

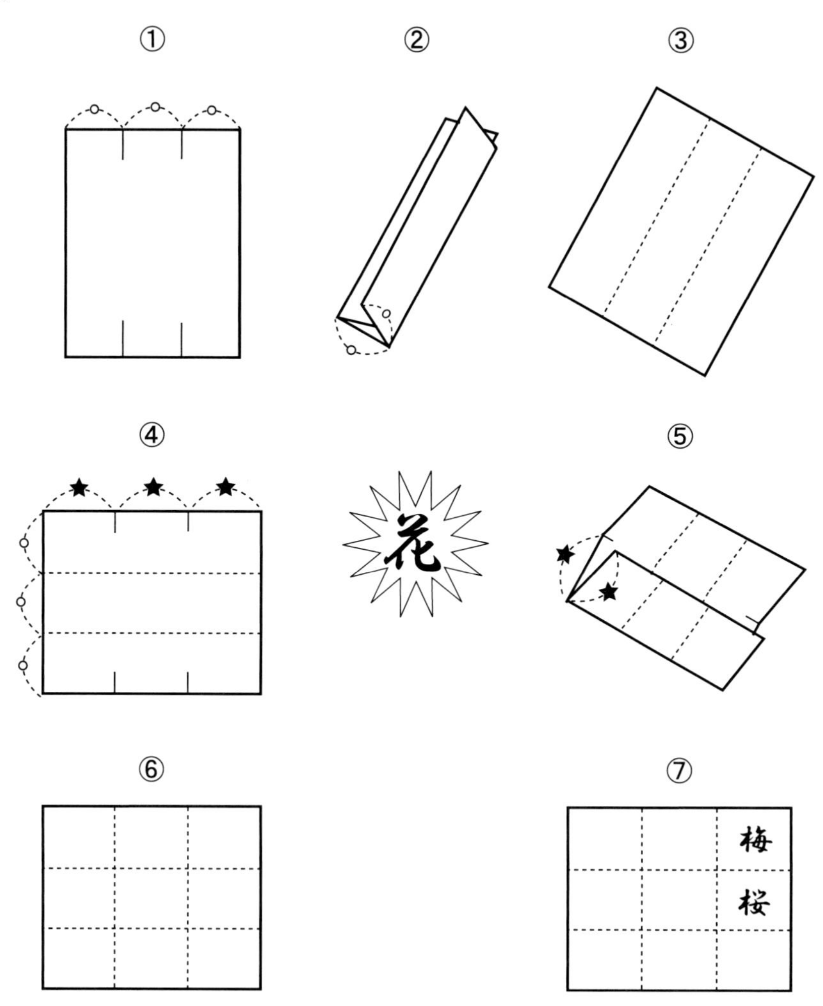

Point

1. 全員がルールを理解出来てから始める。
2. テーマ選びも「やさしさのシャワー」で。
3. グループ対抗でも OK ！（一人では困難そうな場合）

14）広告パズル

道　　具：新聞の折り込み広告(大きすぎないものを一人に1枚ずつ)。 ＊広告の選び方参照 期待効果：視空間の認識力を高める。文字・図柄への観察力を養う。 手先の機能、握力を高める。

あまり大きすぎない折り込み広告（A3：新聞四つ折りサイズ程度）を一人に 1 枚配ります。その広告をリーダーの指定した枚数に破り、それを元通りに完成させるゲームです。

すすめ方

参加人数より多めの広告を用意し、参加者さんに、その中から 1 枚好きなものを選んでいただきます。

7 枚とか 11 枚など、割り切れない数を指定して、その枚数に広告を破り、パズルを完成させます。その時、リーダーは、参加者さんの前で広告を持ち、見本を示すように、思い切りよく破る大きな動作をします。

「何枚に破るのでしたかね～、○枚でしたね。その枚数になっているか何度も数えましょう。」と数の確認を参加者さんに伝えます。紙を破る音を聞きながら、紙片の数を確認するので、自然に数を数えることに慣れていきます。

全員が指定の枚数に破り終わったら、

「破った広告を表裏をそろえバラバラにならないように、まとめておいてくださ〜い。」そして「お隣さんと交換しましょう。」と言って、隣席の人、或いは前後の席の人と自分が破った広告を交換します。

「さぁ、元通りの広告の形に並べましょう〜。」と声掛けをし、元の形に並べ替えていきます。

考えあぐねている参加者さんにはリーダーやスタッフはソッと「四隅の紙片はどこにありますかね〜。」とか「縁を繋げてみてもいいですね〜。」とアドバイスします。完成させるお手伝いは参加者さん同士にお願いします。

早く完成させた人や援助なく完成させた人には「あら〜早いですね〜」「綺麗に並びましたね〜」と褒めますが、早く出来た人を強調して褒めすぎず、ゆっくり考えて完成させることの大切さを伝えましょう。

完成したら、広告主になったつもりで、店名など言いながら安売りや目玉商品などをPRしていただき、スポットライトを当てましょう。発表する人を選ぶ時は、リーダーやスタッフの気配りが重要です。何人かの参加者さんに発表の機会を作りましょう。

時間があれば2〜3回交換したり、7枚なら9枚に、11枚なら13枚に破る枚数を増やして楽しむこともできます。

最後に、握力アップを兼ねて、利き手でない方の手、又は痛くない方の手で広告を小さくギュッと丸めていただき、それを回収します。

Point

1. 破る枚数は5枚、7枚、11枚など割り切れない枚数を指定（破る枚数を多くすると難易度が高まる)。
2. 破る形に注意。(不規則な形に破る方が完成しやすい)。

広告の選び方

・地域のスーパーや飲食店の広告がおすすめです。

・裏の白い広告や裏表で色違いのものは、並べる時に裏表がはっきり分かるので、認知機能低下の方がおられるところでは迷われることが少ないでしょう。
・お葬式、お墓や仏壇関連の売り出し広告は避けましょう。
・車がびっしり並んでいるものや、マンションの間取りが小さな図で書いてある広告も避けた方が良いでしょう。
・人の顔が大きく出ているものは、顔を破る、首を切るという意味から避けましょう。

15）追っかけ将棋

道　　具：将棋セットを４人に一組（本格的な将棋盤でなくても可）。 期待効果：集中力・計算力・記憶力を高める。協調性を養う。

将棋のルールを知らない人でも出来るゲームです。４人（３人でも可）が順に、４つの「金」の駒を振り、「歩」から始めて駒の目の数だけ進みながら「王将」まで進んでいくゲームです。

すすめ方

将棋盤の４隅を４人がそれぞれの陣地と定めて、置き駒の「歩」を一つ置きます。駒を振る順番をじゃんけんで決めます。「金」の駒は、振り駒に使います。将棋盤の上で、「金」の駒を４個まとめて振り、出た駒の数を盤の一番外側のマス目に沿って、時計と反対回りに進めていきます。

１周廻って、スタートした陣地を通り過ぎたら、次は「香車」に駒を替えます。次は「桂馬」「銀将」「角行」「飛車」と上って行き、最後は「王将」になって盤面を一周し、自分の陣地から斜めに進んで中央点に早く到達した人が勝者になります。

一般の将棋とはルールが異なります。ここでのルールを共有できるよう説明しましょう。

「王将」まで行くには、かなり時間が掛かります。リーダーは、前もってどのくらいの時間を使うかを参加者に伝えておきます。

決められた時間が来て終了した時は、「1回振って20点以上出た人は～」とか「銀将までいった人はありますか～」などと、早く進んだ人、高得点者などを皆さんの前でスポットを当てて讃えるよう配慮しましょう。

また、リーダーやスタッフは、「鍋奉行」ならぬ「将棋奉行」が現れることがないよう、おとなしい方も駒を振って出た数を自分で計算して駒を進め、皆で楽しめるようにさりげなくサポートしましょう。

Point

1. この場のルールを共有することを伝える。
2. 皆で楽しめるようにサポートする。
3. 机の上に置くので、卓上用将棋盤が使いやすい。
4. 予めゲームに使う時間を決めておく（時間調整が可能）。

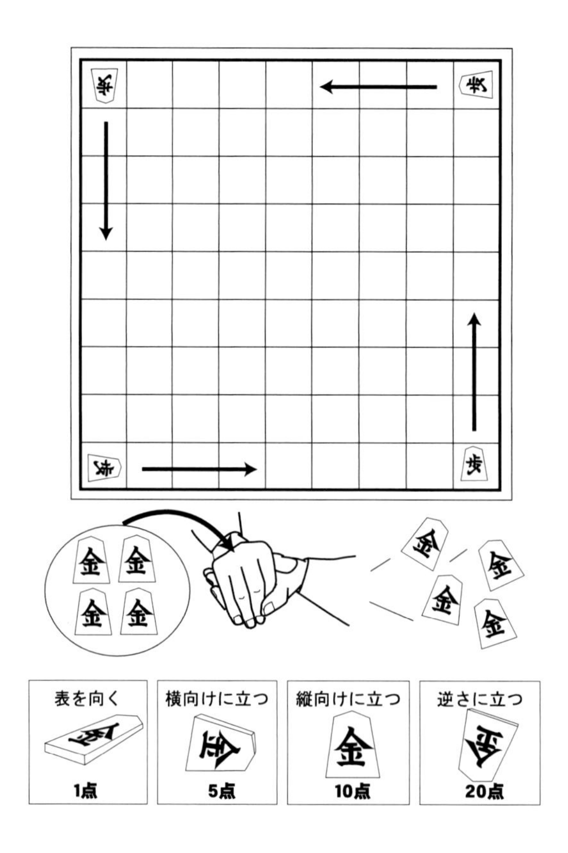

4. ゲームその４　～みんなでクライマックス～

ゲーム「その４」には、16）から20）のゲームが属します。

ゲームその４では、全身を大きく動かしたり、チーム編成でチームの仲間と大きな声をあげて励まし合ったり、掛け声を掛けたり、協力したり、譲り合ったりしながら自然に社会性を回復していきます。教室のクライマックスになります。

16）二種類の太鼓の合奏

道　　具：異なる音の二種類の太鼓（太鼓と竹太鼓、太鼓とマラカス、箱太鼓と鳴子など）。撥（二本で一組）。楽譜。指揮棒（1mくらいの細い棒）。

期待効果：楽器演奏の楽しさを感じる。集中力、記憶力を高める。協調性を養う。「待つ」を意識する。右・左を意識する。リズム感を養う。

２種類の楽器の合奏を楽しみます。リーダーが指揮をし、全員で大きな楽譜を見ながら合奏します。

すすめ方

楽譜を張ります。張る高さは、後列の人にも見えやすいように高さを考えてください。

竹太鼓、和太鼓（箱太鼓で代用）と楽器ごとのグループに分かれて座ります。楽器の種類で奏法が違いますので、分かれて座ったほうが演奏しやすいです。

参加者さんの前に、各々が担当する楽器と撥を２本ずつ置きます。撥は左右の手に１本ずつ持っていただきます。マラカスの場合は、左右ひとつずつマラカスを持ちます。

楽譜の最初に書いてある「○○太鼓の会」の○○には、地域の名前や教室のグループ名などを入れて皆で唱和して演奏に入ります。

わらべ歌「あんたがたどこさ」はよく知られている歌で、掛け合いの箇所が２種類の楽器に分かれて演奏でき、２種類の楽器で演奏する変化が楽しめます。

楽譜の見方や掛け声について丁寧に説明します。テキストに記載の楽譜は、室町時代以来の日本音楽の伝統に基づいて書かれています。

掛け声は「ソーレ」と「ソレ」と「ソレ～」の３種類あることを伝えます。太鼓と竹太鼓の組み合わせの場合、赤○の印は太鼓、緑△印は竹太鼓が担当し演奏します。○や△の横並びは左右の手で同時に演奏、斜めのジグザグ線は左右交互に演奏、波線の箇所は乱打の印です。

撥(ばち)を持った左右の手は肘をついて演奏しないで、二の腕を少し高めに構え、出来るだけ上から撥(ばち)を打つようにします。

歌に入ってからの「ハイ」の箇所で半拍を空けて演奏することになります。待つことを伝えます。そこでリーダーが「ハイ」と言うと「マ」が取りやすくなります。

演奏の最後の「オォー」の箇所は、痛くない所まで腕を上げ、２本の撥(ばち)を交差させ、みんなで声をあげて演奏を締めくくります。

おう～

Point

1. 楽器の下に滑り止めマットを敷くと、楽器が固定される。
2. 撥(ばち)の構え方、振り下ろし方に注意する。
3. 歌詞は地域で多少違いがある。歌詞は、歌いなれたものを使う。
4. 合奏中、指揮棒は譜面から離さず、譜面の上に沿って進める。

・和太鼓の代用品としては、健康飲料の入っている段ボール製の小箱などの6面を綺麗な紙で糊貼りすると、僅かに共鳴して太鼓らしい音が出ます。
・音色の異なる竹太鼓は、孟宗竹を半分に割り、35センチほどの長さに切って人数分を作ります。
・竹が入手できない場合は、太鼓と対照的なやや甲高い音が出る代用品を用意します。
・小型のペットボトルを洗って、ペレットや鈴などを入れ、即席マラカスなどにして振るのも一つの工夫です。鳴子を使っても良いでしょう。
・撥（ばち）は、ホームセンターなどで丸棒（直径15 mm）を買い、35 cmくらいに切ります。左右の手に持つため、一人に2本必要です。ノコギリで切り放しにしないで、けがを防ぐために、切り口にサンドペーパーをかけて面取りをします。市販品もあります。
・撥（ばち）には、ビニール絶縁テープ（赤、緑など）を螺旋形（だんだら模様）に巻きます。一本は右巻きに、もう一本は左巻きに巻き、左右対称の一対（いっつい）になるよう巻きましょう。赤い棒、緑の棒が出来上がり、俄然お祭り気分が出て、見るだけで楽しい演出になります。
・指揮棒は、棒の先に人差し指で指さしている切り抜きなどを張り付けると、茶目っ気が出て楽しい雰囲気になります。
・代用品であろうとも楽器の二重奏なので、力任せに叩くのではなく、それなりに快よい音が出るように、音色も楽しめるようなものを用意しましょう。

竹太鼓

薬の箱で作りました。

＊楽譜は、「NPO 法人　認知症予防ネット」で販売しています。お問い合わせください。☎ 080-3851-8199

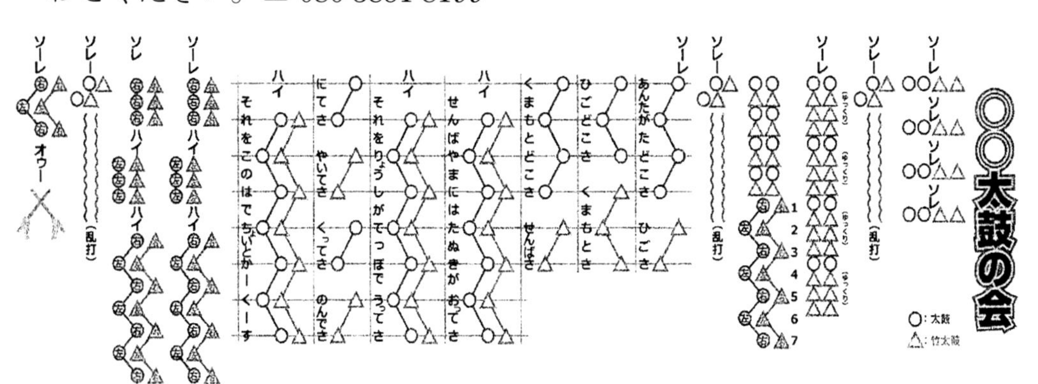

17）風船バレー

道　　具：	ゴム風船（参加人数の半数くらい）。
期待効果：	集中力を高める。バランス感覚を養う。上下肢筋力を高める。瞬発力を高める。

全員で輪になって座り、風船を打ち上げて落とさないように助け合いながら続けていくゲーム。風船の数を多くして、誰もが遠慮なく打てるようにします。

すすめ方

参加者さん全員が輪になって座ります。パイプ椅子の場合は倒れる危険性があるので、使用は避けましょう。

リーダーは、最初は、風船を１個だけ輪の中に打ち入れます。打ち始めたら、スタッフが次々に風船を投げ入れます。参加人数の半分くらいまで風船の数を増やし、誰もが打てるチャンスをいっぱい作ります。

人数が多くて輪が大きい時は、輪の中央にスタッフが座り、中央に落ちてくる風船を打ち返します。他のスタッフは、外に出た風船を拾って中に投げ入れる役をします。

リーダーは参加者さんの様子を見計らって、終了にします。

Point

1. リーダーだけでスタッフがいない場合は、安全（仰向けに倒れる恐れあり）を守るのが難しいので注意。
2. 風船の片づけに大きい破裂音は禁物。
   ゴムの口を片蝶結び（半分だけ抜く）にし、空気を抜くとき片方のゴムを引くとスッと空気が抜ける。
3. 椅子の形に注意。参加者の立ち上がりや後方への転倒などに気を配り、事故防止第一で行う。

18）ビーチボールサッカー

道　　具：ビーチボール２個。ゴール（椅子でも可）。 期待効果：主に下半身の運動機能を鍛える。集中力を高める。 　　　　　チームワーク力を養う。気分を高揚させる。

ビーチボールをゴールに蹴り入れて点数を競うゲームです。椅子を２列に向き合わせて並べ、チームを分けて行います。

椅子を使わず、床に腰を下ろして片足を投げ出し、向き合って座っても出来ます。

すすめ方

参加者さんは、向かい合わせに２列に並べた椅子に、同じ人数ずつ別れて座ります。各列一つのチームとし、それぞれチームの名前を決めます。「桜チーム」とか「○○町チーム」とか、チームカラーが出て対抗戦の意識が高まります。

相手チームとは爪先 50 センチほど（ボールの直径程度）の間隔を空け、ビーチボールの通り道とします。椅子に座ってお互いが足を延ばしても、つま先が当たらない程度の距離です。

両チームとも、ゴール側の端の席に座る参加者に配慮します。この席は、ゴールキーパー役になって激しいせめぎ合いになる時もあるので、気を付けましょう。

ゴールやビーチボールを準備します。列の両端にサッカーのゴールに見立て、半円形にしたホースや円形のフラフープなどを置きます。ない時は椅子をゴールの代わりにしても OK。

ビーチボールの空気はいっぱいに入れないで、少し緩めで止めます。空気を入れすぎると、弾みすぎて顔に当たると痛いです。

１回戦では両チームとも右足を使い、２回戦では左足を使うなど、ルールの確認をしておきます。

リーダーやスタッフは、ゲームが始まる前に、転倒防止に備えます。

椅子に座って行う場合は、参加者さんには、椅子の両サイドをしっかり握るよう促します。畳の部屋で行う時は、片足は延ばし、もう片方の足は膝を曲げて座り、両手は後ろについて体を支えます。後ろには、転倒しても怪我をしないように座布団などを並べておきます。

さあ、ゲームの始まりです。チーム対抗なので自然に力が入り盛り上がります。ゲーム時間は、2分か3分くらいで十分です。

リーダーがボールの通り道の中ほどにビーチボールを置き、ホイッスルを鳴らしてゲーム開始！

参加者さんは､決められた方の足でビーチボールを蹴り､決められたゴールに入れます。ゲームで使う足の方だけは、靴を脱いで行いましょう。

スタッフは、各チームのゴールにボールが入る度に、点数をカウントしていきます。ゲーム中に列の外に出たビーチボールは、スタッフが列の中ほどに入れます。ゲーム終了後、各チームの点数を確認し、勝者を称え、敗者を労います。

参加人数が多い場合は、最初はボール1個を入れ、少し経過して2個目を入れていきます。

《もう一つのすすめ方》

足を使ったゲームが困難な参加者さんがおられる場合は、足でも手でも出来るサッカーのPK戦のような形のゲームを楽しむことも出来ます。

参加者さんを2つのチームに分け、L字型に並べた椅子にチームごとに座ります。ゴールを準備します。両方のチームから1人ずつ交互に、ゴールをめがけて手で転がしたり足で蹴ったりして、ゴールに入った数で点数を競います。

Point

1. 安全第一！
2. お互いの足を蹴らないように！

3. 足を使ったゲームが困難な参加者さんに配慮。
4. ゴール側の席（一番端）に座る参加者さんに配慮。
5. ビーチボールの空気は、すこし軟らかめに入れる。

19）シート玉入れ

道　　具：	円形穴あきシート。カラーボール（デザインや大きさ、色の異なるものが混じるとよい）を参加人数ほど。ボールを数える時の籠。
期待効果：	集中力、記憶力、握力、計算力を高める。協調性を養う。下肢筋力の増強。

円形シートを囲んで座り、２チームに分かれます。自分のチーム側にあるシートの穴に、協力しながらボールを転がし入れて、点数を競うゲームです。

すすめ方

円形のシートの周りに座り、シートに引かれた線の色で２チームに分かれます。まず、各チームの名前を参加者さんで決めます。「紅組」とか「バラチーム」など。名前を付けるとチームの一体感を高め、楽しめます。

リーダーは、それぞれのボールに点数を付けて、それを全員で確認し、ゲームを開始します。ボールに点差があると、数多く入らなくても、点数で勝てることがあり、最後まで気の抜けない面白さがあります。

「さあ、それでは、始めますよ。各自両手でシートの端をしっかり持ちます。」
「シートの上のボールを転がして、自分のチームの穴に入れますよ。」
「ボールを手で掴んで穴に入れては、いけませんよ。手はしっかりシートを持っていてくださいね。」「シートの外に出たボールは、拾って入れないようにしましょう。」などと言い、ゲームを開始します。

参加者さんは、全員で円形シートの端を持ち、下げたり上げたり揺らしたりして、シート上のボールを転がし、味方の側の穴にボールを入れます。

シート上のボールが穴に入ったり、シートの外に出たりして、全てなくなったら、そこで一旦止めて1回戦は終了。

穴に入ったボールの点数を各チームごとに計算し、点数を競います。シートのポケットからボールを取り出す役は、スタッフでなく、参加者さんにお願いします。スタッフ一人がシートの下にもぐり込んで、穴からボールを取り出しやすいように、ポケットをそっと持ち上げ、陰から援助しましょう。

ポケットから出したボールは、スタッフがサッサと計算していくのではなく、参加者さんが数えるようにしましょう。リーダーは「このボールは何点でしたかね～。」と、全員に見えるように示し、何点のボールか記憶を呼び起こす誘いかけをします。

数えるときは、2チームが同時に数えたり、自分のチームのボールの点数だけを数えたりしないで、1チームずつに分けて全員が見守る中、ゆっくり数えるようにします。

2回戦は、座ったまま皆でシートを右に回してずらし、シート上に引かれた異なる色の線をチームの境界線まで持っていきます。チームメンバーは、変わりません。シートを回すと穴の位置が変わります。3回戦まで行うと、ほぼ参加者さん全員の前に穴が廻って来る事になり、穴に近いところに座っている参加者さんは俄然やる気が出てきます。高得点のボールを入れようと、チーム結束意識が高まります。

時間が許せば、3回戦まで行います。チームごとの合計点を参加者さん全員で計算し、勝敗を決めて終わりです。

シートを自分で作るときは、穴の大きさに気を付けましょう。穴の口が小さいと、ボールをつかんだ手が抜け出せなくなってしまいます。また、穴の下のポケットの布が大きすぎると、ボールは入っているけれどなかなか取り出せないということがあります。

 点数について

・ボールの色や模様ごとに決められた点数を基に、シートの穴に入ったボールの合計点を計算します。

・1点という点を付けると、最後に点数を計算をする時に、計算が細かくなり、より脳機能の活性化を促します。10点20点ばかりだと少し計算が簡単になります。

・ホワイトボードなどに大きな点数表を書き、各チームの合計点を参加者さんに計算していただきましょう。

Point

1. 常に安全第一。最大限の気配りを！
2. ボールの点数のつけ方に配慮する。

・認知機能低下のある方が参加されている場合は、点数は3種類くらいにしておく。

・一次予防の参加者さんばかりの教室では、マイナス○点などのボールを入れると、自分のチームの穴に入れたくないという作戦も加わり、盛り上がる。

3. シートから外に出たボールは、シート上に戻さない。
4. 参加者さんが、ボールを手で掴んで入れるなどしても、慌てない。ゲームを中断したり、ボールをポケットから出したりしないで、さりげなくやり過ごす（やさしさのシャワー）。

円形穴あきシートの作り方（10 人程度のサイズ）

①用意するもの

・薄手のデニム生地など：90 cm の幅で約 8 m（1 人分の持ち幅は 60 cm くらいあると良いです。円の周りは 60 × 10 = 600 cm 必要になりますから、600 ÷ 3.14 ≒ 191 でおよそ直径約 2 m のシートを作ります。）

・シートの下に付ける袋用の布。

・チーム分け用の丈夫で鮮やかな色彩のテープ：3 色分（3 cm 幅）。

・シートの縁に入れる直径 2 cm のスチロールのパイプ（ホームセンターなどで販売しています）。：シートの円周の寸法

②作り方

・2 メートル四方の布を円形に裁断・縫製します。

Ⅳ

・円形の縁から中心へ向かって半径の半分くらいの位置に、ボールを入れる穴を２ヵ所開けます。

・穴の下に、ボールが入る袋（幅25 cm、丈30 cm）をポケットのように縫い付けます。

・チーム分けして対抗戦になるゲームなので、円の中央を通るように３本のテープを縫い付けます。

・シートの円周の端を５cmほど折り返して、中にスチロール製のパイプを通せるようにします。

・折り返しの部分に２カ所ほど、スチロール製パイプを通すための切り込みを開けます。

・シートを強く引っ張り合うゲームなので特に継ぎ目の縫製は丈夫に‘折り伏せ縫い’などにします。

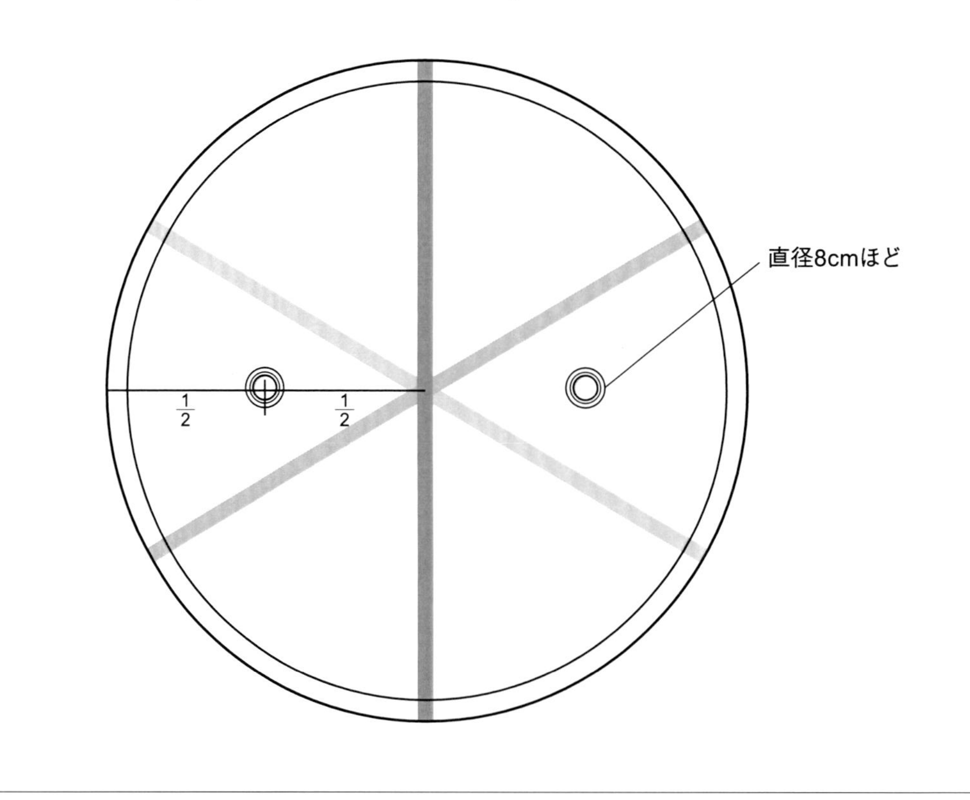

20）じゃんけんリボン

道　　具：	リボン（長さ1.25 mに切った、色とりどりの滑りのよいリボン、一人５本ずつ）。リボンを広げる敷物。
期待効果：	計算力・指先の巧緻性を高める。横隔膜の運動。

じゃんけんの相手を次々と見つけながら、首に掛けたリボンをやり取りしていき、最後に１人が勝ち残るゲーム。「じゃんけん」の掛け声を張り上げて言うことで、横隔膜の運動にもなります。

すすめ方

ゲームに参加する人数を確認します。輪の中央にリボンを広げる敷物を敷きます。８の字巻きで、きれいに箱詰めしたリボンを取り出し、敷物の上にバラバラにして撒きます。

リーダーは、「好きな色のリボンを一人５本ずつ取ってください。」「リボンの色は、同じ色でも違う色でもいいですよ。」などと言いながら、好みのリボンを各自に５本ずつ選んで自分の首にかけていただきます。

対戦相手と呼吸を合わせやすいので、「さいしょはグー」の掛け声で始めましょう。その後は、対戦相手を替えて、１対１のじゃんけんをし、リボンをやり取りします。

「さあ、じゃんけんして勝ったら１本もらえますよ。」
「『さいしょはグー！』の掛け声で始めま～す。」

「勝った人は、１本もらいますよ。負けた人は、１本渡してくださいね。」と言いながら、しばらく続けます。

途中でリーダーは、「今からは２本ですよ～」とか「３本になりますよ～」「全部ですよ～」などと、やり取りするリボンの数のルールを変更します。

手持ちのリボンがなくなった人は、少し離れた椅子席に順々に座り、最後まで観戦します。

最後は、勝ち残った2人で優勝決定戦を行います。先に負けて座っている参加者さんは応援団になります。

優勝決定戦が終わったら、手近な物をマイクに見立ててインタビューをします。まず､インタビューするのは､早くに負けて長時間座っていた2～3人の参加者さんです。早く負けた人は、突然スポットライトを浴びて驚かれますが、これも脳の活性化、やさしさのシャワーです。

次に準優勝者、最後に優勝者にインタビューに行きます。

最後に、優勝者が持っているリボンの数を計算します。

「1人が5本ずつリボンを持っていましたね。今日は、皆で20人でしたね～。では全部で何本？」「100本！」「1本が1万円になるとしたら？」「わぁ～100万円！」などと、皆の興味を引きだし、自然にここでも計算の練習を取り入れます。

「優勝された○○さん、今100万円もらったとしたら、どうしましょう？」「みんなでご馳走を食べに行こう。」「あらぁ、有難う！」「皆さんと旅行に行きま～す！」「まぁ～、夢の旅行の費用ね。嬉しいですね。」などと感謝や褒め言葉を言います。

リーダー以外のスタッフも一緒になってじゃんけんをしますが、スタッフは単純にじゃんけんを楽しむのではなく、相手の記憶力を改善するために、常に意識して言葉をかけます。「あら、また勝ちましたね、おめでとう！」「何本でしたかね～」と自然体で温かく言葉を掛けて、記憶力を引き出すようにします。

Point

1. 安全第一で！
   白熱してくると、杖歩行の方が杖なしで歩き出されることも。
2. 座ったままでも大丈夫。
   立って出来ない方の場合、座ったままでも大丈夫。その場合、籠などにリボンを入れ、先に選んでいただく。

V　このテキストをご利用の方へ

2019年、日本では、100歳を超える百寿者（センテナリアン：centenarian）が7万人を超えました。2030年には約20万人、2050年には約53万人にもなるという予測がされています。長寿は寿ぐべきおめでたいことですが、残念ながら現在の段階では長寿になればなるほど認知症のリスクが高まり、だれもが認知症の問題を見過ごすことはできません。

介護保険制度は整いましたが、介護離職や重い家族介護負担に悲鳴をあげている人々がたくさんいます。たとえ予防教室などに通えなくても、「やさしさのシャワー」と呼んでいる対応の仕方・技法を在宅で取り入れてくださるならば、家庭内での痛ましい出来事も防げるかもしれません。

2009年から2018年に「介護・看護疲れ」を動機とした殺人事件は411件[1]に上るといいます。こうした悲劇を何としても防ぎたい、私たちの切なる願いです。

日頃から、認知症予防活動を生活の中に取り入れ、隣近所の方々とのコミュニケーションを密にし、助け合い、共に健やかに超高齢百寿社会を乗り切りましょう。

1. 予防をしましょう

認知機能が衰えた段階で対応策を講じないで、発病するにまかせるのが良いのか、少しでも食い止め、進行するのを数年でも先送りするのが良いのか、どちらが良いのか、議論するまでもないでしょう。

何の病にもいえることですが、認知症でも早期発見、早期対応、早期治療が大切です。当法人は、自分自身や周囲の人が、少しおかしいと気づい

1　読売新聞　2019年11月21日

た時期を逃さず、本人が自分の意思で予防教室に行ってみようと思えるように、認知症予防教室の広報活動をし、予防教室や地域の集まりなどで役立つようにとテキストを作りました。

普段の生活の中で、「鍵をかけたかな」と二度三度確かめに家に戻ったり、せっかく書いた買い物のメモを持たずに出かけたり、ちょっとした不安材料が重なったときに、近くの認知症予防教室や脳いきいき教室などにすぐに参加することが大切です。

テキストを活用していただき、いろいろなところに「みんなの認知症予防ゲーム」の教室が開かれることを期待しています。

また、何かの集まりのときなどでもお友達と一緒に楽しんでいただけたら最高です。いつでも何処でも、特別な教室でなくとも、仲良くゲームを楽しみながら認知症の予防をしていきましょう。

「みんなの認知症予防ゲーム」の予防教室は、笑いとやさしさにあふれた空間です。認知機能が低下した方だけでなく、ある程度進行した方も、健康な方も、頭や心がイキイキしてくる教室です。ゲーム一つひとつは、それぞれ目的を持ち、期待効果を考慮して組み立ててあります。

疲労が蓄積して目に隈が出ておられる家族介護の方が、「何年ぶりかで腹の底から笑いました。元気を取り戻して介護ができるように、月に一度でもよいからこの教室を開いてほしいです。」と言われたことがあります。私たちの活動初期に家族介護の方を対象にした「ミニ講演会」で頂いた参加者の方からの、ズシンと響く感想でした。ゲームでは、自然に湧き起こる笑いが大きな癒しの力になっています。

2. 予防のためのさまざまな方法

「鯖を食べたら予防できますよ、など、これ！という予防法を教えてほしい。」と求める方がおられます。残念ながらこれで予防は大丈夫という安易な方法はありません。しかし認知症に関わる研究が進められ、いろいろなことが分かってきました。

福岡県久山町で、50年間以上にわたり生活習慣病（脳卒中・虚血性心疾患、悪性腫瘍・認知症など）の疫学調査が行われています。精度の高い調査研究で世界的に有名な「久山町研究」です。この研究で、近年の認知症の急増と糖尿病の増加の関係が深いことが明らかになりました。また、血糖値が大きく変動することも認知症の発症と関連が深いことが明らかになりました。予防法としては、中年期からの高血圧や糖尿病（特に食後の高血糖）、中年期からの喫煙習慣などの危険因子の適切な管理に加え、野菜豊富な和食と乳製品を中心とした食生活、定期的な運動習慣が有効であると示唆されています[2]。

また、国立長寿医療研究センターは、認知症予防運動プログラム「コグニサイズ」を開発しました[3]。これは運動と認知課題を組み合わせ、認知症予防を目的としたプログラムです。

そのほかにもさまざまな認知症予防プログラムや予防法が開発され研究されていますので、アンテナを張り巡らして勉強しましょう。

3. 理解しましょう！　認知症の方を

認知症になったら何も分からなくなると言われてきましたが、そうではないことが、認知症本人の方々の勇気ある発言から分かってきました。私たちは認知症の方の訴えに耳を傾け、認知症の方のことをもっと知ることが大切です。

45歳で若年性アルツハイマー病の診断を受けた藤田和子さん[4]は、社会にある認知症に対する偏見が、診断への恐れをうみ、早期受診や治療の妨

---

2 出典：https://www.ncgg.go.jp/kenshu/kenshu/27-4.html

3 認知症予防運動プログラム「コグニサイズ」https://www.ncgg.go.jp/kenshu/kenshu/27-4.html

4 藤田和子さん：日本認知症本人ワーキンググループ代表、看護師として勤務していた2007年45歳でアルツハイマーの診断を受ける。2017年『認知症になっても大丈夫！そんな社会を創っていこうよ』出版。現在も認知症当事者として執筆や講演を続ける。鳥取県出身。

げになっているのではないかと考えるようになった、といいます。また、藤田さんは、“ただやさしく接する、支える、ということよりも、理解して一緒に伴走してくれる、当事者が何を不安に思い、どうしてもらえると嬉しいのか、オープンに話し合え、人とのつながりが途切れないような社会ができたらと願っている”、と言います。

まだまだ多くはない事例ですが、仕事をしている方もおられます。認知症の方の就労を支援する取り組みが少しずつ始まっているのです。72歳で認知症とわかった渡辺康平さんは、香川県の病院に併設されたオレンジカフェで非常勤職員として働いています[5]。愛知県の岡崎市には四人の認知症の人が、接客の仕事を受け持ち働いている食堂があります[6]。39歳で若年性アルツハイマーになった丹野智文さんは、仕事を続けながら講演活動や当事者のための活動に力を入れています[7]。

認知症本人のこうした社会活動は、日本で初めて若年性認知症本人として実名で講演活動を開始した越智俊二さんをはじめとし、今では珍しいことでもなく、社会でも受け入れられるようになり、日進月歩と言えるでしょう。

認知症の人は、何も出来ない介護が必要な人という見方が、認知症の人の自信を失わせています。認知症の人は、出来ることもあり、したいこともあるのです。

4. 人はやさしく変わります

「みんなの認知症予防ゲーム」の教室を続けていくと、ある変化に気付きます。参加者さんがお互いにやさしく、穏やかに関わるように変化していかれることです。参加者さんだけでなく教室運営に関わるボランティア

5 出典：毎日新聞 2018 年 9 月 20 日

6 出典：日経ビジネス 2019 年 8 月 16 日

7 出典：https://www.ninchisho-forum.com/tokusyuu/person/n_010_01.html

スタッフ自身も、ゲームで身についた『やさしさのシャワー』を意識した結果、私生活や職場においても、言葉使い・立ち居振る舞い全てに穏やかな接し方に変わっていかれます。

あちらこちらの教室から同じような声を聞きます。様々な場面で「やさしさのシャワー」を繰り返し浴びた人は、いつとはなしに自分も人にやさしくなっていくのです。

ゲームは誰にでも出来るやり方で、他のレクリエーションゲームと大きな差はありませんが、まずプライドを傷つけないゲーム運びに留意し笑顔で相手を受容し、大切な人として接します。安心感の中で過ごしていただくことで穏やかでやさしくなられ、認知症からの引き戻しも可能になると思われるのです。

認知機能が低下した方も、意図的に考えられたゲームの進め方で自信を取り戻し、そこから余裕が生じ、他者とのコミュニケーションもスムーズになられます。

地域のサロンでのことです。認知症の方が、一つのゲームが終わる度に同じ質問を何回も繰り返されたことがありました。同席の健常者が眉をひそめ、「また同じことを言っている。」「さっきも聞いていたよね。」と心無い言葉を小声でささやく言動が続いていました。けれどもゲームリーダーは、その同じ質問が出る度に、今初めて聞くような身振りで、笑顔とやさしい口調で受け応えを続けていますと、回を重ねていくうちに、いつの間にか同じ質問が何回出ても誰も眉をひそめず、陰口もなくなっていきました。

病を認め、病に伴う行動をも受容できるように、変わっていかれたのです。

また、ある教室では、認知機能低下の方に対して嫌悪感があらわだった健常の参加者さんが、夏場には涼しい席、冬場には温かい席を独り占めしないで譲り合ってくださるようにもなりました。

他の参加者さんに対して言葉使いが厳しく、ゲーム中も負けずきらいが先に立っていた方が、サロン開始から３年経った頃、十数人の参加者・スタッフ全員に手編みのマフラーを持って来られ「いつもお世話になっているから。」とプレゼントしてくださったこともあります。「ここに来るとホッとする。皆やさしいし・・。」という言葉も添えて。

またこのような事例もあります。ケアハウスの月１回の継続教室で、訪問ボランティアのリーダーが交替したことがありました。後任のリーダーがゲームを進めていると、この教室への参加の日が浅かった参加者さんが、腕組みをして怖い表情を崩されず「前の先生（リーダー）はこうやっていた。」「次はこのゲームです！」と叱責されたそうです。後任リーダーは、そんな言葉も常に笑顔で受け止め、分け隔てなく楽しくゲームを進めました。すると数カ月後には、その怖い参加者さんの表情が和らぎ、一番先に会場に来られ、椅子の準備までされるようになられました。顔馴染みになった方々とも打ち解け、昼食時に食堂で出会ったりすると、誘い合って午後からの教室に参加されるようにもなられたのです。

ある養成講座では、受講生の方が「ATMの前で並んでいる時、順番を抜かされたけれど、腹を立てなかったんですよ。以前の私なら絶対怒っていたけど、この講座でやさしさのシャワーを知ったから、ちょっとは変われたのかもしれないです。」と話されたこともあります。

参加者の方々は、教室でリーダーやスタッフの言葉使いや行動をとてもよく見ておられます。ゲーム中だけでなく、お迎えや茶話会の時でも、常に相手の立場を理解し、やさしい言葉掛けが自然と出来るようになって来ると、教室の雰囲気も穏やかになり、関わる方々全てにやさしさが伝わり、いつか地域も変わって来るかもしれません。

リーダーやスタッフは、年長の参加者さんから人生の経験を学び、参加者さんは、リーダーやスタッフの話し方や動きから、認知症の方への対応のあり方に気付きます。こうした双方が敬意を表する関わりで、「みんなの認知症予防ゲーム」の効果をより高めていきましょう。

5. 注目してくださる皆様へ

「みんなの認知症予防ゲーム」では、指を使ったゲームを多く取り入れています。指を多く使い、いくつもの異なる動作を同時に行うことは、脳の活性化につながります。

童謡や唱歌を使ったゲームもありますが、それは年代を超え誰にでも共通して懐かしく楽しく歌える歌は？といえば童謡や唱歌だからです。童謡や唱歌は、生活習慣、生活環境が異なろうと、出身地域がどこであろうと、腕白坊主やおてんば娘であった方であろうと、誰にでも共通して懐かしく楽しく歌える歌です。決して失礼な扱いをしているわけではありません。

皆で輪になって、自ら歌を楽しみ、軽い運動やスキンシップで心と体をほぐす「みんなの認知症予防ゲーム」を使った予防教室では、週一回の教室で、早ければ一ヶ月以内に、遅くとも大体二ヶ月ぐらいで、皆さんの表情や動作に違いが見られるようになります。それは、認知機能が衰えた方だけではありません。健康な方も明るくやさしく変わっていかれます。その変化を見て私たちは「やさしさのシャワー」は全ての人に有効なのだと実感しています。

前述しましたが、極限の疲労困憊状態におられる家族介護者の方ご自身から、「家族介護者が元気を回復するためにこの教室を開いてほしい。」という声をいただいたこともありました。

家族の介護をしている方の例を挙げてみましょう。教室に来たときは、疲れた顔をして周りのことに目が向かなかった家族の方が、ゲームを終えて帰るときには、片づけを手伝い、一緒に来た高齢の親御さんと仲良く楽しそうに手をつないで帰られるようになった事例があります。また、認知症の夫と共に「みんなの認知症予防ゲーム」の教室に参加した方が、うつ状態から抜け出し明るく元気になられたという事例もあります。家族の介護で疲れ切っておられる方、是非「みんなの認知症予防ゲーム」の教室に参加してみてください。私たちは、家族の方が元気を取り戻される姿をたくさん見ています。

デイサービスの事例では、集団ゲームで相手チームに負けると悔しさが先立ち、声を荒げていた方が「みんなの認知症予防ゲーム」を継続するうちに、「勝ってもよし、負けてもよし」という言葉が出るように変わられた事例もあります。

若年性認知症の方が、数字の13を書く場面で、はじめは103（じゅうさん）と書いていたのに、毎週通っているうちに自ずと13と書けるようになった事例もあります。

こうした事例を見る中で、私たちは、「みんなの認知症予防ゲーム」の予防教室は、いろいろな方に役立つ予防教室になり得る、どのような方にもこのゲームの予防法は有効である、という確信を得ることができるようになりました。是非、いろいろなところで、このゲームを取り入れ、認知症の緩和、引き戻しに役立ててください。

そうして皆さんで常に楽しんでくださいますように。

6. ゲーム道具の問い合わせ・注文について

下記のゲームで使用する道具の一部を当法人で用意、或いは製作団体をご紹介させていただきます。

①お手玉（おじゃみ）回し：お手玉
②二種類の太鼓の合奏　　：楽譜（大・小）
③じゃんけんリボン　　　：リボン
④シート玉入れ　　　　　：シート（大・中・小）

お問い合わせ先

NPO 法人認知症予防ネット

電話：080-3851-8199

V

あとがき

2008年7月25日に『認知症予防ゲーム　―テキスト―』を発行してから12年目の今春、新たなテキスト『みんなの認知症予防ゲーム』を発行する運びとなりました。今回の新版の発行は、「認知症予防ゲーム」から「みんなの認知症予防ゲーム」への名称変更と併せて、ゲームの進化という流れの中で、当法人認定講師やゲームリーダーの皆さまから熱望されていたものです。新版を発行するにあたっては、言葉一つひとつの意味や意義等、細部にわたり強いこだわりを持って行いました。

折り良く、（一財）宇治市福祉サービス公社の地域力助成事業として「みんなの認知症予防ゲーム」動画配信事業が採択されたことで弾みが付きました。

この12年間で認知症の人や家族を取り巻く環境も大きく変わりました。2011年には、日本認知症予防学会が設立され、認知症予防[8]という言葉は市民権を得ました。さらに、認知症の人が尊厳を保持しつつ、社会の一員として尊重される社会の実現を目的に、2019年認知症基本法案が厚生労働省からでなく、議員立法として衆議院に提出されました。しかし「予防と共生」は「共生と予防」という語順に修正され、今年になって予防ではなく共生を前提にした「備え」という言葉に変えるよう要望が出ています。このことには違和感を持っていますが、改めて言葉の大切さを感じています。

今回も編集・出版をお願いした中西豊子様をはじめ、関わっていただいた皆さま、紙面からではございますが御礼を申し上げます。ありがとうご

8　予防の定義（認知症予防学会HPより引用）
日本認知症予防学会の考えている予防は、狭義の認知症の発症予防だけでなく、広義の発症予防から進行予防まで含んだ内容です。具体的には第一次予防が認知症の発症予防、第二次予防が認知症の早期発見、早期治療、早期対応、第三次予防が認知症の進行予防です。そもそもこの予防の概念は、我々が勝手に提唱したものではなく、公衆衛生学の教科書に書かれているものです。
（当法人でもこの考えに準拠しています。）

ざいました。

最後に、これからも今まで以上に『みんなの認知症予防ゲーム』が、全国各地で認知症予防に役立つことを願ってやみません。

2020年7月吉日

NPO法人 認知症予防ネット

理事長　平田　研一

● ● ● NPO 法人認知症予防ネットのあゆみ ● ● ●

2002 年	痴呆予防教室を広げるネットワーク（任意団体）を 4 人で結成立ち上げ記念講演会開催
2003 年	講演と実技体験会開始
2004 年	「特定非営利活動法人　痴呆予防ネット」として特定非営利活動法人の認証を受ける
	ホームページを開設
	国際アルツハイマー病協会主催第 20 回国際会議でポスターセッションに参加
	機関紙の発行開始
	近畿地域にて、講演、提言、教室運営の応援などの活動
	設立臨時総会を開催
2005 年	第 1 回通常総会開催　記念講演　講師：倉田顕氏
	法人名を「特定非営利活動法人認知症予防ネット」に変更
	八幡市の委託事業として、認知症予防教室及び講演会開催
	八幡市委託事業における認知症予防教室で、MMSE の高い上昇（10 人の平均で、3.9 点上昇）を見る
	厚生労働省「平成 16 年度老人保健健康増進等事業」補助金事業により（株）UFJ 総合研究所に調査研究を委託し行った調査研究の報告書『痴呆（認知症）予防教室（増田方式）に関する調査研究報告書』を全国 2160 市町村長へ送付（高齢社会をよくする女性の会・京都との協同事業）
	岡山県・熊本県などにも拡がる
2006 年	第 2 回通常総会開催　総会記念シンポジウム「認知症を早期で食い止めよう～認知症予防教室を増やすために」泉南市・八幡市・城陽市・与謝野町から報告
	『認知症を早期でくいとめよう～認知症予防教室を増やすためには～』刊行
	介護施設へのゲーム導入はじまる
	ゲームが滋賀県、兵庫県、熊本県に拡がる
2007 年	第 3 回通常総会開催
	リーダー養成講座開始
2008 年	第 4 回通常総会開催　記念講演「フィリピンの介護士養成事情」講師：中西豊子氏
	『認知症予防ゲーム　テキスト』出版　テキストは全国へ　配布　電子書籍にもなる
	ゲームが三重県、山口県に拡がる
2009 年	第 5 回通常総会開催 総会の記念講演「若年性認知症本人と家族の諸問題」講師：越智須美子氏
	ゲームが埼玉県、千葉県、高知県、沖縄県に拡がる
2010 年	第 6 回通常総会開催　記念講演「これからの認知症予防を考える講演会」講師：山崎史郎内閣府政策統括官
	健生ネットワーク京都・自主講座で、リーダー 100 人養成

	韓国の「ケア研究会」が「スズメの学校」訪問交流・ゲーム見学
2011年	第7回通常総会開催
	日本認知症予防学会創設　第1回学術集会にて1名の会員が発表
	第12回日本認知症ケア学会大会ワークショップにて講演と認知症予防ゲーム実技を2時間行う
	We フォーラム 2011　In 大阪：分科会にて発表「超高齢社会に立ち向かう」
	ゲームが、韓国、千葉県、栃木県、徳島県に拡がる
2012年	第8回通常総会開催
	日本認知症予防学会　第2回学術集会にて3名の会員が発表
	NPO 法人認知症予防ネット韓国支部設立
	東日本大震災被災地へゲームでの見舞いを9回行う（延べ18人 NPO から派遣）。
	ゲームが長野県、広島県、兵庫県に拡がる
2013年	第9回通常総会開催
	第3回日本認知症予防学会学術集会にて会員2名が発表　そのうち1事例発表が学会理事長の名を冠した浦上賞を受賞
	韓国支部が行ったプログラム「認知症予防ゲーム」が、韓国　国民健康保険公団　京畿道地区長期療養機関及び従事者のサービス優秀事例コンクールにて優秀賞受賞
	ミャンマーへ、国際医療団によってお手玉が先遣
	中華人民共和国の「人民網」日本語版に当 NPO 法人が紹介される
2014年	第10回通常総会並びに NPO 法人設立10周年記念講演会開催
	第4回日本認知症予防学会学術集会にて2名の会員が発表
	ゲームは、福島県、宮城県、兵庫県、香川県、福岡県、大分県に拡がる
	高林實結樹理事長　宇治市社会福祉協議会より「表彰状」を授与される
2015年	第11回通常総会開催
	安心バッジ作成
	ゲームの名称を「みんなの認知症予防ゲーム」と改称
	簡易認知症検診機器　タッチパネル　購入
	第5回日本認知症予防学会学術集会にて2名の会員が発表
	東京の教室、テレビ東京にて全国放映される
	韓国支部（NPO 法人韓国シニア研究会）「鳳徳サロン」訪問交流・ゲーム見学
	ゲームは、41都道府県に拡がる
2016年	第12回通常総会開催　総会記念講演：講師　佐藤修氏
	認定講師制度を創設　第1回・第2回認定講師資格審査会開催
	第1回全国リーダー研修・交流会開催
	日本認知症予防学会主催認知症予防専門士講座実技・研修プログラムを当法人が担当
	東日本大震災お見舞い活動を、5年を機に終える

	第6回日本認知症予防学会学術集会にて1名の会員が事例発表
	韓国支部（NPO法人韓国シニア研究会）「鳳徳サロン」訪問交流・ゲーム見学
	高林實結樹理事長　宇治市長より「感謝状」を授与される
2017年	第13回通常総会開催　記念講演：講師「毎日がアルツハイマー」の関口裕加監督
	第2回　全国リーダー研修・交流会開催
	KBSカルチャー本校で、定期的にリーダー養成講座を開始
	第3回認定講師資格審査会開催
	日本認知症予防学会主催認知症予防専門士講座関西研修会実践セミナーを当法人が担当
	第7回日本認知症予防学会学術集会にて2名の会員が発表
2018年	第14回通常総会開催
	新理事長に平田研一氏　前高林實結樹理事長は名誉理事長に
	第3回全国リーダー研修・交流会開催
	第8回日本認知症予防学会学術集会にて2名の会員が発表
	第1回近畿連絡会開催
	第4回、第5回認定講師資格審査会開催
	当法人認定講師が、サンフランシスコの在米日本人用高齢者施設で「みんなの認知症予防ゲーム」を実施
	韓国支部　NPO法人韓国シニア研究会　第11回認知症克服の日記念行事で「保健福祉部長官賞」受賞
	高林實結樹名誉理事長　国際ソロプチミスト奈良－万葉より「クラブ賞」受賞
	高林實結樹名誉理事長　京都新聞大賞「福祉賞」受賞
2019年	第15回通常総会開催
	第4回全国リーダー研修・交流会開催
	第6回認定講師資格審査会開催
	第9回日本認知症予防学会学術集会にて3名の会員が発表
	第2回・第3回・第4回近畿連絡会開催
	韓国支部（NPO法人韓国シニア研究会）　モンゴル　ボルガン市にて「みんなの認知症予防ゲーム」実施
	高林實結樹名誉理事長　社会福祉法人こころの家族より「感謝状」を授与される
	宇治市福祉サービス公社から助成金をいただく
2020年	新刊『みんなの認知症予防ゲーム』テキスト発刊

シンボルマーク「三光鳥」

カササギヒタキ科サンコウチョウ属の鳥。嘴と目の周りのコバルト色が特徴です。さえずりを「月（つき）日（ひ）星（ほし）」と聞きなして三つの光を唱える鳥「三光鳥」と名付けられました。不死鳥に光を集めて運んだとの伝説があります。当法人では、この「三光鳥」に幸福を運ぶ青い鳥のイメージを重ね、超高齢社会に幸せをもたらす象徴としてシンボルマークとしています。

みんなの認知症予防ゲーム　－テキスト－

発行日　2020年8月10日
編著者　NPO法人 認知症予防ネット テキスト編纂委員
高林實結樹　名誉理事長
中村都子　副理事長
佐々木典子　理事
原　悦子　前理事
イラスト　福井美知子・佐々木典子・原　悦子
発行者　NPO法人 認知症予防ネット
〒611-0002　京都府宇治市木幡南山15-200
電話　080-3851-8199　FAX　0774-33-8199
e-mail: n.yobo.200409@gmail.com
URL: http://www.n-yobo.net/
日本音楽著作権協会（出）許諾第2004274-001号
印刷製本　中西印刷株式会社　075-441-3155
ISBN　978-4-87974-756-3